オフィスで使える！マナーも身につく！

ビジネス日本語

テキスト①　内定者編

1. ビジネスマナーの基本
2. 敬語Ⅰ敬語の基本
3. 敬語Ⅱ敬語の使い方
4. ビジネス文書Ⅰビジネス文書の書き方
5. ビジネス文書Ⅱ様々なビジネス文書

日建学院　　凡人社

「ビジネス日本語」テキスト1 内定者編　目次

「ビジネス日本語」テキストについて

テキストの位置づけと基本的な使い方

＊このテキストは映像教材「映像で学ぶビジネス日本語」の副教材です。このテキストだけでも学習できます。映像教材だけでなく、テキストでも学習して、ビジネス日本語・ビジネスマナーを定着させて下さい。

＊このテキストも映像教材と同じく、日本語力が中級・上級（日本語能力試験２級以上程度）の方が対象です。

＊テキスト１（内定者編「1.ビジネスマナーの基本」〜「5.ビジネス文書Ⅱ」）は独学が可能な内容です。

＊テキスト２（新入社員編「6.電話を受けるⅠ」〜「10.応接のマナー」）は主に新入社員が研修時に学ぶ内容です。

＊各章ごとに内容は独立していますので、章の番号の順番ではなく、自由な順番でも学習できます。例えば、明日お客様を訪問する時は「9.訪問のマナー」を見て下さい。

＊ただし、敬語が分からない人は「2.敬語Ⅰ敬語の基本」と「3.敬語Ⅱ敬語の使い方」を先に見る方が良いでしょう。

映像教材とテキストでの学習の進め方

映像教材の全ての台詞は「映像教材の台詞（152 ページ〜）」で確認できます。

ドラマ

《映像教材》　主人公の**李さんとヨンさんの立場で見て下さい。**

≪テキスト≫　ドラマの会話の良い例を**確認**して下さい。

李　　　：「はい、東京商事第一営業課、李でございます。」
山田課長：「太陽物産の山田と申します。
　　　　　いつもお世話になっております。」
李　　　：「太陽物産の山田様でいらっしゃいますね？」

解説

《映像教材》　ドラマの中で李さんとヨンさんが間違えた点や
　　　　　　　注意する点を日本語アドバイザーが解説します。

≪テキスト≫　「チェックポイント」で解説を確認・復習して下さい。

チェック ポイント

① 電話のベルが鳴ったら、すぐに出る。
　なぜ？　かけた人を待たせないためです。

テキストの読み方

チェック ポイント

⑤ **電話の内容をメモにとる。**

なぜ? 文字にすれば、後で連絡する時等に

ないからです。

例 メモ用紙をいつも電話機の近くに置

★54 ページ①

難しい漢字にはふりがながふってあります。各巻ごとに **1 回目だけ** ふってあり、2 回目以降はふってありません。（目次は除く）
（会社名と部署名と社員名のふりがなは「登場人物・企業紹介」のページだけふってあります。）

内容が関係するページや巻の名前が 書かれてあります。

赤い字は重要な点 です。

会話

李　　　　：「はい、東京商事第一営業課、李でございます。」⑤

山田課長：「太陽物産の山田と申します。

　　　　　　いつもお世話になっております。」

李　　　　：「太陽物産の山田様でいらっしゃいますね？

会話の横に、**関係する「チェックポイント」の番号** がついていて、調べやすくなっています。

主に映像教材で取り上げている内容が書かれています。

 映像教材で取り上げていない内容が書かれています。

 「マナーの問題」「漢字の問題」「文書の問題」があります。
「文書の問題」は文書が関係する章だけで出題しています。

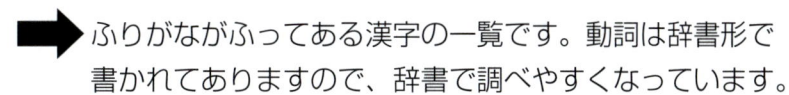 ふりがながふってある漢字の一覧です。動詞は辞書形で
書かれてありますので、辞書で調べやすくなっています。

 テキストの中にある言葉や辞書にのっていない
言葉等を説明しています。（例：社内）

 ビジネスで使える言葉（熟語等）が書かれてあります。

登場人物・会社紹介

会話を理解するためには**人間関係を理解する**ことが重要ですので、よく読んで下さい。

株式会社　東京商事 ◄	会社名

東京都豊島区にある商社。主に業務用プリンターを企業に販売している。
太陽物産は大切な顧客。ジョウジマとはこれから取引を始めようとしている。

営業部第一営業課 ◄	部署名

課長　佐藤　浩 ◄ ── 社員名

日本人の男性。
李さんとヨンさんの上司。

東京商事のビル

李　学良

このドラマの**主人公**。
外国人の男性社員。
佐藤課長の部下。
ヨンさんの先輩。
主な仕事は営業。

ヨン　イーリン

このドラマの**主人公**。
外国人の女性新入社員。
佐藤課長の部下
李さんの後輩。
主な仕事は事務。

佐藤課長の奥さん

株式会社　ジョウジマ

東京都品川区にある商社。東京商事とはまだ取引がない。

販売戦略部

課長 田中　孝弘

日本人の男性。
東京商事のプリンターに
興味を持っている。

ジョウジマのビル

ジョウジマの受付係

株式会社　太陽物産

東京都新宿区にある商社。東京商事の顧客。

営業部第三営業課

課長 山田　聖一

日本人の男性。
佐藤課長とは5年前から
の知り合い。

太陽物産のビル

「会社」と「企業」

会社	企業
人の言葉（肩書き） 例 会社員　会社社長	国の名前 例 中国企業　アメリカ企業
会社の形態 例 株式会社　有限会社	

ビジネスマナーの基本

映像教材
約30分

1. ビジネスマナーの基本について

社会人として「ビジネスマナーの基本」を身につけることは大変重要なことです。

会社とは、「利益を得る」ために作られた組織であり、集まった人々はその目的を達成するために活動しなくてはなりません。

みなさんがこれから会社の一員として、「会社の目的を達成する」ためには、まず「ビジネスマナーの基本」を身につけなければなりません。

会社によって「ルール」や「マナー」に違いはありますが、基本的には共通しています。
みなさんが「ビジネスマナーの基本」を身につけることは、周りの人との人間関係を築く第一歩となります。人間関係ができると信頼が生まれ、仕事がスムーズにできるようになり、上司や同僚、お客様からの評価も高くなります。

この章では、挨拶や自己紹介の仕方、服装とエチケット等のビジネスマナーの基本を学習します。

❶自己紹介

自己紹介の流れ （会って自己紹介する時）

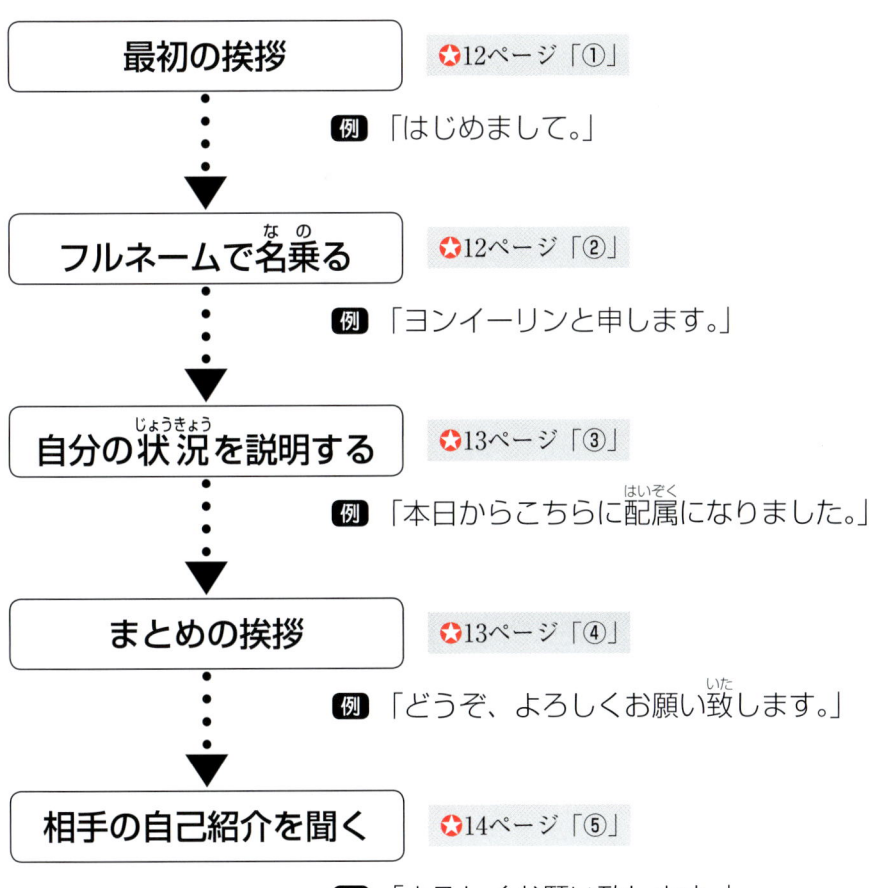

最初の挨拶　⭐12ページ「①」

例　「はじめまして。」

フルネームで名乗る　⭐12ページ「②」

例　「ヨンイーリンと申します。」

自分の状況を説明する　⭐13ページ「③」

例　「本日からこちらに配属になりました。」

まとめの挨拶　⭐13ページ「④」

例　「どうぞ、よろしくお願い致します。」

相手の自己紹介を聞く　⭐14ページ「⑤」

例　「よろしくお願い致します。」

チェック ポイント

①最初の挨拶

例① 初めて会った時
「はじめまして。」

例② 会ったことはあるが、まだ自己紹介をしていない時
「改めまして。」
「紹介が遅れて、失礼致しました。」

②フルネームで名乗る。

例 「ヨン・イーリンと申します。」

ポイント① 名前が漢字の人は名前の字を説明（せつめい）すると良いでしょう。
例 「李学良と申します。「李」は「木」の下に「子」と書きます。
「学」は「学校の学」で、「良」は「良い」です。」

ポイント② 長い名前の人は自分の呼び方を伝えましょう。
例 「ジョシアーラ・リマ・デ・オリヴェイラと申します。ジョシアーラと呼んで下さい。」

ポイント③ 社外(しゃがい)の人には挨拶をしながら名刺(めいし)を渡しましょう。

⭐テキスト2　新人社員編「9.　訪問のマナー❸名刺のマナー」

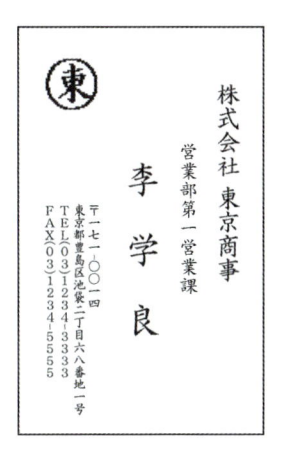

名刺

③自分の状況を説明する。

例　社内(しゃない)の人

「本日からこちらに配属になりました。」

「本日から第1営業課でお世話(せわ)になります。」

④まとめの挨拶

例

挨拶する相手	例文
社内の人・お客様	どうぞ、よろしくお願い致します。
社内の人	よろしくご指導(しどう)下さい。 ご指導のほど、よろしくお願い致します。
目下の人	どうぞよろしく。

⑤相手の自己紹介を聞く。

ポイント 聞いた後に、もう一度挨拶をしましょう。

例 「よろしくお願い致します。」

● キーワード

「社内」「社外」

ポイント 意味が2つずつありますので、注意しましょう。

言葉	意味	使い方の例
社内	①会社の建物の中 ②自分と同じ会社	①今、東京商事の李さんは太陽物産の社内にいます。 ②社内に社員が200人います。
社外	①会社の建物の外 ②自分と違う会社	①佐藤課長が李さんに社外から電話をかけた。 ②社外の人からの電話を受ける。

「東京商事の佐藤課長と李さんは今、太陽物産の社内にいます。」

↓

建物の中

会話

東京商事第一営業課の事務所でヨンさんが第一営業課の社員に自己紹介をしている。

佐藤課長　：「今日から新しい仲間が増えます。

　　　　　　第一営業課に配属になったヨンさんです。

　　　　　　ヨンさん、自己紹介をお願いします。」

ヨン　　　：「はじめまして。本日からこちらに配属になりました

　　　　　　ヨン・イーリンと申します。ヨンと呼んで下さい。

　　　　　　ご指導のほど、よろしくお願い致します。」①②③④⑤

⑥自己紹介の応用例

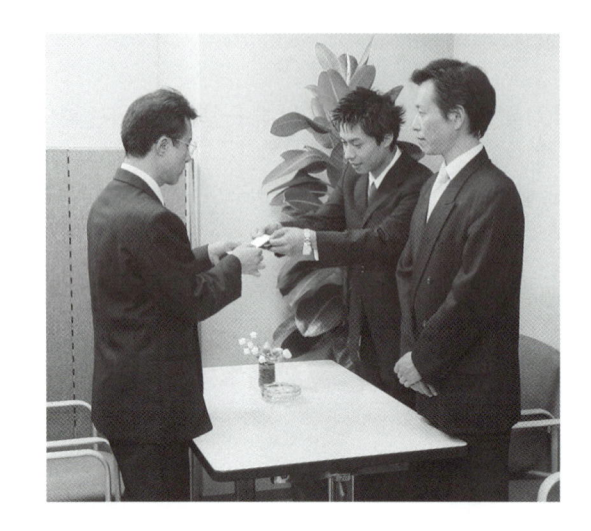

例① 得意先での自己紹介
「はじめまして。今後、御社を担当させて頂きます李と申します。
よろしくお願い致します。」

例② 電話で話したことがある人への自己紹介
「いつもお電話ばかりで大変失礼しております。」

例③ 紹介者がいる場合の自己紹介
「はじめまして。東京商事第一営業課の李と申します。
この度は御社の鈴木様のご紹介でまいりました。
よろしくお願い致します。」

コ ラ ム ──「いつもお電話で失礼しております。」

この挨拶を聞いて「なぜ電話で連絡することが失礼なのか」と感じる人もいると思います。

中国やアメリカのような広い国では、会う時間が取れないので、電話で話を済ませることが多いかもしれませんが、日本は狭い国なので、ビジネスの話をする時には会うことが多いのです。ですから、電話で話を済ませてしまうことを失礼と感じる人が多く、このような表現を使うことがよくあるのです。

❷服装とエチケット

`チェック ポイント`

①第一印象 は外見で決まる。

`ポイント` 相手に良い印象を与えるために身だしなみに注意しましょう。

`なぜ？` 第一印象の55%は見た目、姿勢等の「外見の印象」、38%は声の質や話し方等の「音声の印象」、7%は「話の内容の印象」と言われて、身だしなみがだらしない人は良い印象が持たれないからです。

②服装の基準

`ポイント①` 会社によって違いがあるので会社の規則に従いましょう。

`ポイント②` 身だしなみの基本は周りの人に不快感を与えないことです。いつも清潔を心がけましょう。

③男性の服装

`ポイント①` 髪の毛は清潔にしましょう。

`ポイント②` ひげは毎日剃りましょう。

`ポイント③` スーツの色は黒、グレー、紺が基本です。

ポイント④ スーツやシャツは着る前にアイロンをかけてしわが無いようにしましょう。

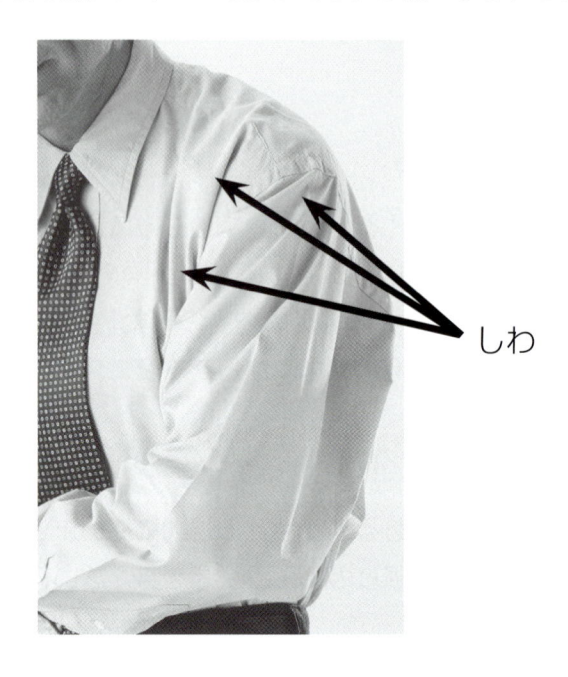

しわ

ポイント⑤ Yシャツは白の長袖が基本です。派手な色や柄が入ったものは着ない方が良いでしょう。

長袖

ポイント⑥ ネクタイはスーツに合わせて選びましょう。ネクタイの結び目が曲がらないように結びましょう。職場では黒いネクタイはつけません。

なぜ？ 黒いネクタイは「お葬式の時につける物」だからです。

ネクタイの
結び目→

ポイント⑦ ベルト・靴・靴下の色は黒かグレーが基本です。

ポイント⑧ ビジネスかばんの色は黒が基本です。

④男性の服装・身だしなみのチェックリスト

ポイント チェックリストで自分の身だしなみをチェックしましょう。

	チェック項目	チェック
髪	清潔か・寝癖^{ねぐせ}はついていないか	
	長すぎないか	
顔	不精髭^{ぶしょうひげ}は生えていないか	
	歯は磨いたか・口臭はしないか	
スーツ	プレスされているか	
	ボタンはとれていないか	
シャツ	襟^{えり}や袖口は汚れていないか	
	しわがないか・ボタンはとれていないか	
ネクタイ	結び目が曲がっていないか	
	染みや汚れはないか	
靴	よく磨かれているか	
	かかとは磨り減っていないか	
手	爪は伸びていないか	
	手は汚れていないか	

⑤女性の服装

ポイント① 髪の毛はいつも清潔に、長い髪は束^{たば}ねてまとめましょう。

ポイント② 自分の顔に合った自然^{しぜん}なメイクをしましょう。
派手^{はで}な化粧^{けしょう}、アクセサリーはしない方がよいでしょう。

ポイント③ スーツの色は黒、グレー、紺、茶色が基本です。

ポイント④ ブラウスは白が基本です。

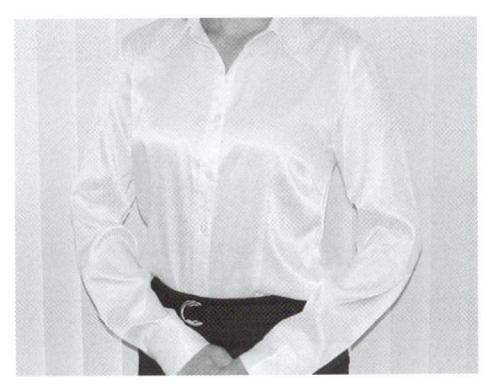

ポイント⑤ 爪は短く、マニキュアは自然な色にしましょう。

ポイント⑥ ストッキングの伝線に注意しましょう。

ポイント⑦ 靴はヒールの高さが3cm位のローヒールを履くと良いでしょう。

なぜ？ ヒールが高すぎると、動きにくいからです。

ヒール

ポイント⑧ かばんの色は黒が基本です。

⑥エチケット

ポイント お客様を応接することが多い人は、食事の後に歯と口を歯ブラシか
マウスウォッシュで洗いましょう。

⑦女性の服装・身だしなみのチェックリスト

ポイント チェックリストで自分の身だしなみをチェックしましょう。

	チェック項目	チェック
髪	清潔か・寝癖はついていないか	
	髪型・色は職場に相応しいか	
顔	メイクは派手になっていないか	
	歯は磨いたか・口臭はしないか	
私服	職場に合った服装か	
	汚れやしわはないか	
制服	汚れやしわはないか	
	ボタンはとれていないか	
ストッキング	伝線していないか	
	予備は持っているか	
靴	よく磨かれているか	
	ヒールは高すぎないか	
手	爪は伸びていないか	
	派手なマニキュアをしていないか	

注 意 点

1

男女共通の服装のマナー

ポイント 社内でサンダルやスリッパを履いても良い会社もありますが、お客様に
応接する時は靴に履きかえましょう。

❸挨拶とお辞儀

チェック ポイント

①挨拶の仕方

ポイント① 相手の目を見て挨拶をしましょう。

なぜ? 挨拶は相手にきちんと伝わることが大切だからです。

ポイント② 社内では、知らない人にも自分から先に挨拶をしましょう。

なぜ? 知らない人でも、会社にとっては大切なお客様だからです。

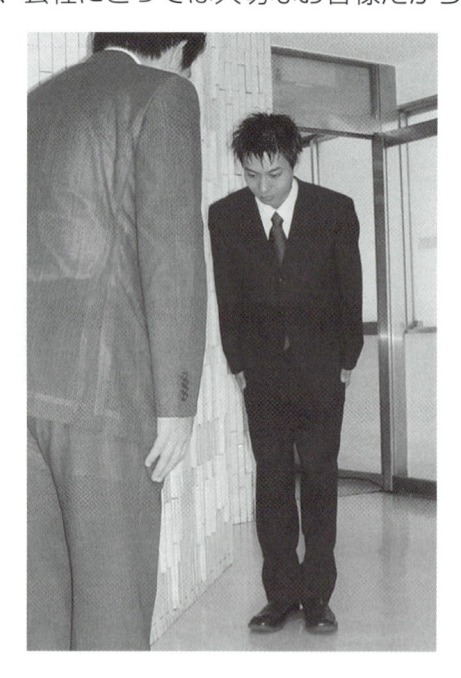

ポイント③ はっきりと発音しましょう。

なぜ? はっきりと発音しないと、相手に悪い印象を与えてしまうからです。

「おはようございます。」

コ ラ ム ── 「おはようございます」

ビジネスの場面では、「おはようございます」をいつでも使います。ホテルや
コンビニエンスストア等で働く人は、出社する時間が昼や夜の日もありますが、
何時に出社しても、社内の人には「おはようございます」と挨拶します。
「こんにちは」や「こんばんは」は使いません（社外の人には使います）。
『「おはようございます」は「朝の挨拶」で「出社する挨拶」だ』と考えて下さい。

②お辞儀の仕方

ポイント① お辞儀は立ってします。椅子に座ったまましてはいけません。

ポイント② 女性は両手を前で合わせて、男性はももの横においてお辞儀をします。

 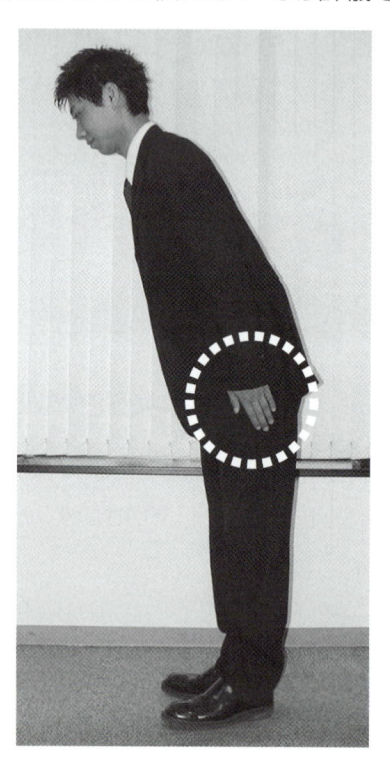

女性　　　　　　　　　男性

ポイント③ お辞儀の種類と仕方

1

会釈（えしゃく）

社内で人とすれ違う時

同僚や部下にあいさつする時

普通礼（ふつう）

来客を出迎える時

上司に挨拶する時

丁寧礼（ていねい）

お礼を言う時

謝（あやま）る時

最敬礼（けいれい）

大切なお願いをする時

大失敗をして謝る時

1日の挨拶

自分が出社した時 出社した同僚や上司に 挨拶する時	「おはようございます。」

↓

社内の人に会った時	「お疲れさまです。」

↓

自分が外出する時	「行ってまいります。」
外出する同僚や上司に 挨拶する時	「いってらっしゃい。」

↓

部屋に入る時	「失礼します。」
部屋を出る時	「失礼しました。」

↓

自分が外出から戻った時	「ただいま戻りました。」
外出から戻った同僚や上司に挨拶する時	「お帰りなさい。」

上司に呼ばれた時	○「はい」　×「うん」「はぁ」「はいはい」

自分が帰宅する時	「お先に失礼します。」
帰宅する同僚や上司に挨拶する時	「お疲れさまでした。」
帰宅する部下に挨拶する時	「ごくろうさま。」「お疲れさま。」

コラム ―「日本の挨拶」

　日本では挨拶の時に相手の体に触ることは基本的にしません。とても親しいお客様と、握手をしたり、肩に触れたりする人もいますが、そうする人は少なく、お辞儀をしながら挨拶をする人が多いです。

❹基本的なビジネスマナー

チェック ポイント

①始業時刻の前に出社して仕事の準備をしておく。

ポイント 始業時刻の15分～30分前に出社して、仕事の準備をしましょう。

なぜ？ 制服に着替えたり、掃除をして、その日の仕事の準備をしておけば、
始業時刻には余裕をもって仕事が始められるからです。

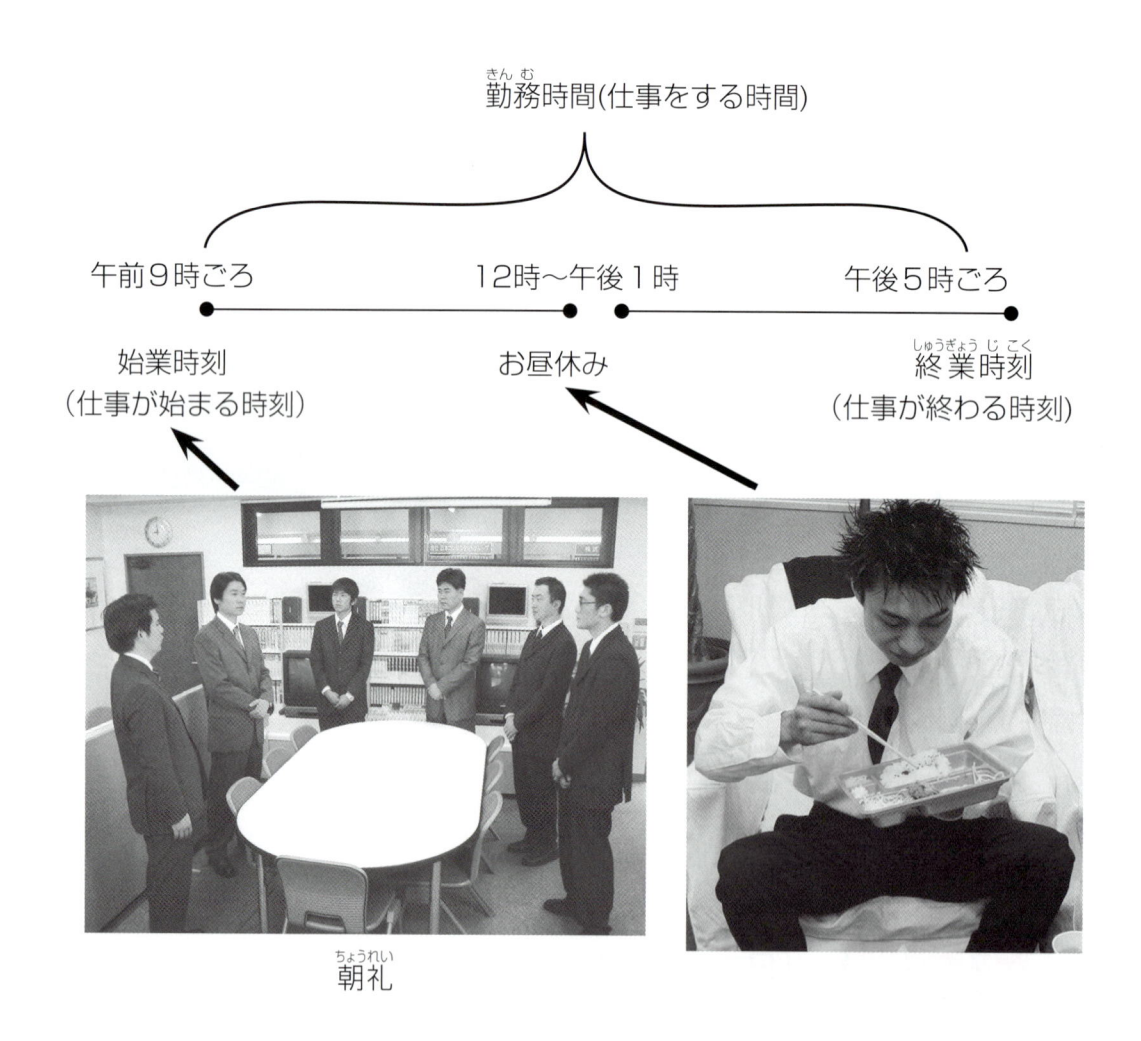

勤務時間(仕事をする時間)

午前9時ごろ　　　　12時～午後1時　　　　午後5時ごろ

始業時刻　　　　　お昼休み　　　　　終業時刻
(仕事が始まる時刻)　　　　　　　　　(仕事が終わる時刻)

朝礼

使える
表現

「出社」「来社」

「出社」=「家から自分の会社に行くこと」

李さんが東京商事に出社しました。

「来社」=「お客様が会社に来ること」

太陽物産の山田課長が東京商事に来社しました。

②外出する時や席を外す時は行き先を伝える。

ポイント 予定表に行き先や戻る時間を書くか、上司や同僚に行き先や戻る時間を伝えましょう。

日	曜	記	事	16		備	考
1				17			
2				18			
3				19			
4				20			
5				21			
6				22			
7				23			
8				24			
9				25			
10				26			
11				27			
12				28			
13				29			
14				30			
15				31			

予定表

③終業時刻を過ぎてから帰る準備をする。

なぜ？ 終業時刻とは「仕事が終わる時間」のことで、退社する時刻ではないからです。

ポイント 終業時刻までは仕事を続けましょう。

使える表現

「遅刻」「早退」「欠勤」

「出社・退社・始業・終業」に関係する表現です。

表現	意味	使い方の例
遅刻	始業時間より後に出社すること	今日、私は遅刻しました。
早退	終業時間より前に退社すること	午後4時に早退します。
欠勤	仕事を休むこと	かぜをひいて欠勤しました。

④会社の電話やコピー機等を私用に使わない。

なぜ？　会社の電話やコピー機等は会社の所有物だからです。

⑤重要な書類を開いたまま席を外さない。

ポイント①　社外の人に見せてはいけない重要な書類は閉じてから席を外しましょう。

ポイント②　パソコンで重要な書類を作っている時は、画面かファイルを閉じてから
席を外しましょう。

注 意 点

Ⓐ出社した時にすること

`ポイント①` 出社した時と退社する時にタイムレコーダーでタイムカードを押します。

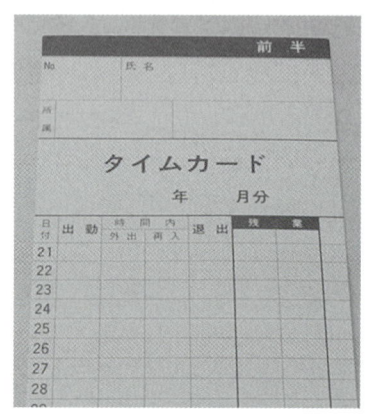

タイムレコーダー　　　　　　　タイムカード

`ポイント②` 仕事を始める前にその日の仕事の予定を確認しましょう。

`なぜ？①` その日の仕事を進めやすくするためです。

`なぜ？②` 朝礼の時に予定を言う場合があるからです。

朝礼

Ⓑ事務用品を無駄づかいしない。

`なぜ？` 経費の削減になるからです。

`ポイント` コピーに失敗した紙や使わなくなった紙は捨てずに、裏紙にして使いましょう。

> ● キーワード
>
> 「裏紙」
>
> コピーに失敗した紙の裏面のこと。メモ用紙やコピー用紙として使う。

ⓒ会社の主な部署名と仕事の内容

〇〇部・〇〇課・〇〇室（例　総務部）

社長

- 総務（会社全体の事務を統括する部署）
- 人事（社員を管理する部署）
- 経理（お金を管理する部署）
- 製造・生産（物をつくる部署）
- 営業・販売（物・サービスを売る部署）
- 研究・開発（アイデアを生み出す部署）
- 広報（人に商品を知らせる部署）
- その他（企画、システム開発、技術開発、流通等）

ポイント　自分の会社の部署や仕事の内容を早く覚えましょう。

「しま」「畑」

社内の人との会話でよく使う表現です。

表現	意味	使い方の例
しま	部署ごとにまとめて机が並んでいる所。	佐藤課長はあっちのしまにいました。
畑	専門（せんもん）の仕事。	彼は営業畑の人です。 私と彼は畑違いです。

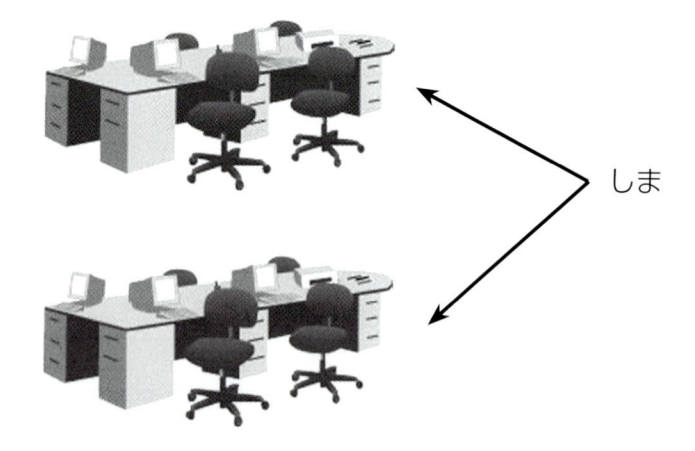

しま

Ⓓ就業規則を読んで理解する。

なぜ？ 組織の一員として、会社の規則や基本ルールは守らなければならないからです。

ポイント 社訓を覚えましょう。

なぜ？ 会社の考え方をよく理解して仕事に取り組むことができるからです。

Ⓔ社宅に住んだら、部屋をきれいに使う。

なぜ？ 会社の物だからです。

ポイント 「社宅」とは社員が住むために会社が持っている家やアパートのことです。

コラム ―「時間」

　日本人は「時間を守る」ことを大切に考えます。例えば、会議が10時からある時には5分前の9時55分ごろには多くの人が会議をする場所に来ています。10時からすぐに会議を始められるようにするためです。少しでも遅れてくると、「仕事ができない人」と思われることもありますので、時間はいつも注意しておきましょう。

❺指示命令の受け方

会話

東京商事第一営業課の事務所で李さんが佐藤課長に呼ばれている。

佐藤課長：「李くん、ちょっとこっちに来てくれるかな？」①
李　　　：「はい。」

李さんが佐藤課長から指示を受けている。

佐藤課長：「5月10日までに、この計画書を完成させてほしいんだ。」
李　　　：「分かりました。5月10日、今週の水曜日ですね。」②③④⑤

チェック ポイント

①上司に呼ばれたら、メモを持ってすぐに上司のところへ行く。

`ポイント①` 姿勢を正しくして、立って指示を受けましょう。

`ポイント②` 指示は最後まで聞いて、質問は指示を受けた後にしましょう。

②指示の内容は必ずメモをとる。

`なぜ？` 聞き間違い等で、指示の内容を間違えて、トラブルの原因（げんいん）になることが
あるからです。

`ポイント` メモは自分の国の言葉で書いても、日本語で書いてもいいです。
後で見直した時に内容が分かるように丁寧に書きましょう。

③指示の内容を5 Ｗ ３Ｈ（ご ダブリューさんエイチ）でメモする。

`なぜ？` 指示の内容を正しく理解して、トラブルが起きないようにするためです。
`ポイント` 情報は正確に理解し、正確に伝えるようにしましょう。

キーワード

「5W3H」

When	いつ
Where	どこで
Who	誰が
What	何を
Why	なぜ
How	どのように
How much	いくら
How many	いくつ

④メモをとる時、発言する時は明確な言葉を使う。

なぜ？ 伝える時のミスを少なくすることが出来るからです。

ポイント① あいまいな言葉を出来るだけ使わないようにしましょう。

例

	×あいまいな表現	○明確な表現
物	書く物	ボールペン　えんぴつ
数	数人	12、3人
人	李さん達	李さんとヨンさん
時	週の半ば	5月18日水曜日

ポイント② 質問する時も明確な言葉を使いましょう。

なぜ？ 聞きたい答えがすぐ返ってくるからです。

例

	×あいまいな表現	○明確な表現
数	いくつ？	何本？　何個？
場所	どこ？	何市？　何丁目？
時	いつ？	何日？　何時？

⑤最後に指示の内容を復唱（ふくしょう）して確認する。

なぜ？ 指示の内容を正しく理解するためには復唱が重要だからです。

佐藤課長：「<u>5月10日までに、</u>この計画書を完成させて欲しいんだ。」

　　　　　　復唱↓

李　　　　：「<u>5月10日今週の水曜日</u>ですね。」

ポイント 分からないことがあったら、質問して内容を確実に理解しましょう。

例 「先ほどの○○がちょっと分からなかったのですが…。」

#

東京商事第一営業課の事務所で李さんが佐藤課長に確認している。

李　　　　：「課長、すみません。一つ確認したいのですが
　　　　　　『ねんじはんばいけいかく』というのがちょっと分からな
　　　　　　かったのですが……」

佐藤課長：「『今年の販売の計画』ということだよ。」

李　　　　：「分かりました。ありがとうございます」

注 意 点

Ⓐ聞き間違えやすい数字やアルファベット等に注意する。

例① 聞き間違えやすい数字

例	対応方法
1時（いちじ） 7時（しちじ）	「7」を「なな」と言う。
2月（にがつ） 4月（しがつ） 7月（しちがつ）	「4」を「よん」と言う。 「7」を「なな」と言う。
二日（ふつか） 五日（いつか）	「五日」を「ごにち」と言う。
三つ（みっつ） 四つ（よっつ） 六つ（むっつ） 八つ（やっつ）	「○○つ」を「○○個」「○○本」等と言う。

ポイント 「ななじ」「よんがつ」「ごにち」等は「似ている言葉を聞き間違えない
ように注意する」時にだけ使います。

例② 聞き間違えやすいアルファベット

例	対応方法
B（ビー） D（ディ） V（ヴィ）	①「B」を「ベー」、「D」を「デー」と言う。 ②「ブラジルのB」「ABCのB」等と言う。
L（エル） M（エム） S（エス） N（エヌ）	Sの場合「S・M・L（服のサイズ）のスモールのS」等と言う。

例③ 聞き間違えやすい人の名前

例	対応方法
田口（たぐち）	「田口」→「『たんぼの田』に『鼻と口の口』です。」
田淵（たぶち）	「田淵」→「『たんぼの田』に『ふち』です。」
山口（やまぐち）	「山口」→「『山川の山』に『鼻と口の口』です。」
山内（やまうち）	「山内」→「『山川の山』に『内と外の内』です。」
小野（おの）	「『小さい野』です。」「『お　の』です。」
大野（おおの）	「『大きい野』です。」「『お　お　の』です。」
江藤（えとう）	「『江戸の江』に『藤』です。」
伊藤（いとう）	「伊藤博文の「伊藤」です。」

ポイント 人の名前を話す時は「はっきり」「ゆっくり」話しましょう。

例 「『田口』と申します。」→「『た　　ぐ　　ち』様でよろしいでしょうか？」

Ⓑ 「指示された仕事が期日までに出来ない。」と思った時は、上司に相談^{そうだん}する。

なぜ？ 指示された仕事が期日まで出来なかった場合、上司や関連している人達に
迷惑^{めいわく}をかけてしまうからです。

ポイント 上司に自分の経験^{けいけん}、時間等を説明^{せつめい}して、判断^{はんだん}してもらいましょう。
時間がない時は仕事の優先順位^{ゆうせんじゅんい}を聞くと良いでしょう。

例 「今、○○と○○と○○の三つの仕事があるのですが、どれを優先したら
良いでしょうか？」

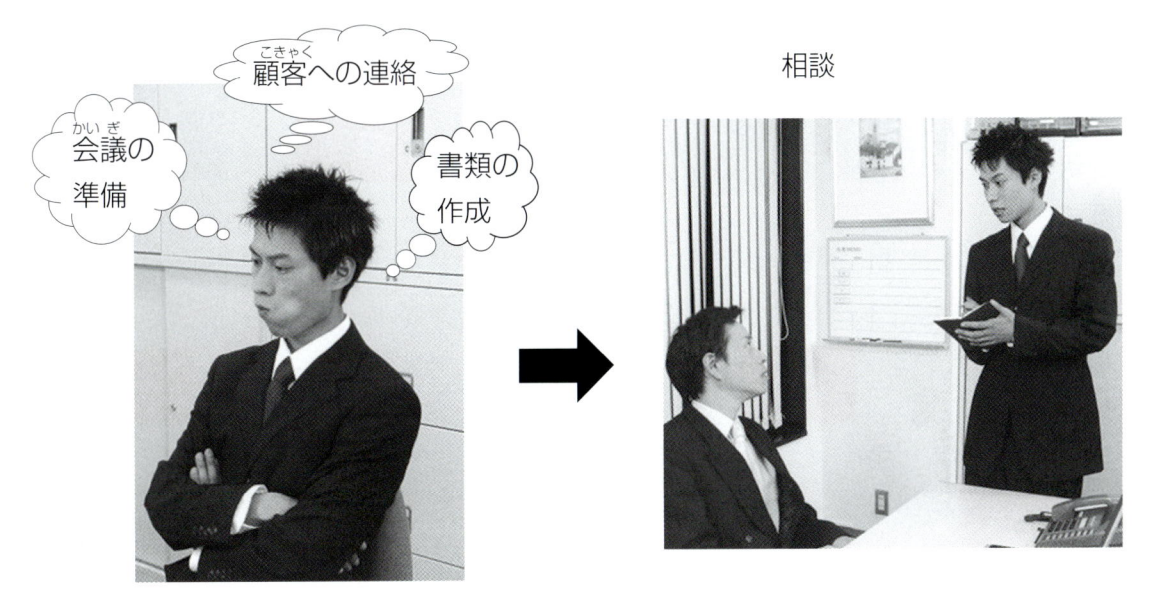

李：「どうしよう・・・？」

相談

李：「どうしたら良いでしょうか？」

使える表現

「流す」「目を通す」

上司が部下に指示をする時によく使う表現です。

表現	意味	使い方の例
流す	（FAXやメール等を）送る。	このFAXを太陽物産の山田課長に流しておいてくれ。
目を通す	読む。	この書類に目を通しておいてくれ。

漢字の一覧

あ行

挨拶（あいさつ）
握手（あくしゅ）
謝る（あやまる）
椅子（いす）
致す（いたす）
頂く（いただく）
印象（いんしょう）
会釈（えしゃく）
江戸（えど）
襟（えり）
応接（おうせつ）
お辞儀（おじぎ）
御社（おんしゃ）

か行

会議（かいぎ）
外見（がいけん）
開発（かいはつ）
確認（かくにん）
活動（かつどう）
管理（かんり）
企画（きかく）
規則（きそく）
帰宅（きたく）
築く（きずく）
基本（きほん）
勤務（きんむ）

計画書（けいかくしょ）
経験（けいけん）
経費（けいひ）
経理（けいり）
敬礼（けいれい）
化粧（けしょう）
欠勤（けっきん）
原因（げんいん）
研究（けんきゅう）
広報（こうほう）
顧客（こきゃく）
紺（こん）

さ行

削減（さくげん）
仕方（しかた）
始業時刻（しぎょうじこく）
自己紹介（じこしょうかい）
指示（しじ）
姿勢（しせい）
自然（しぜん）
失礼（しつれい）
指導（しどう）
事務所（じむしょ）
社外（しゃがい）
社訓（しゃくん）
社内（しゃない）
習慣（しゅうかん）
就業規則（しゅうぎょうきそく）

終業時刻（しゅうぎょうじこく）
重要（じゅうよう）
順位（じゅんい）
準備（じゅんび）
状況（じょうきょう）
商談（しょうだん）
所有物（しょゆうぶつ）
人事（じんじ）
信頼（しんらい）
清潔（せいけつ）
生産（せいさん）
製造（せいぞう）
説明（せつめい）
世話（せわ）
専門（せんもん）
掃除（そうじ）
葬式（そうしき）
早退（そうたい）
相談（そうだん）
総務（そうむ）
組織（そしき）
剃る（そる）

た行

態度（たいど）
達成（たっせい）
束ねる（たばねる）
担当（たんとう）
遅刻（ちこく）

朝礼（ちょうれい）
通勤（つうきん）
疲れる（つかれる）
丁寧（ていねい）
統括（とうかつ）
同僚（どうりょう）
得意先（とくいさき）

な行

内容（ないよう）
長袖（ながそで）
半ば（なかば）
名乗る（なのる）
寝癖（ねぐせ）

は行

配属（はいぞく）
履く（はく）
外す（はずす）
発言（はつげん）
派手（はで）
判断（はんだん）
評価（ひょうか）
博文（ひろふみ）
復唱（ふくしょう）
服装（ふくそう）
相応しい（ふさわしい）
藤（ふじ）

部署（ぶしょ）
不精髭（ぶしょうひげ）
普通（ふつう）

ま行

無駄（むだ）
明確（めいかく）
名刺（めいし）
命令（めいれい）
迷惑（めいわく）
目的（もくてき）

や行

優先（ゆうせん）
余裕（よゆう）

ら行

利益（りえき）
流通（りゅうつう）
連絡（れんらく）

練習問題

マナーの問題

①説明を読んで答えて下さい。

東京商事第一営業課の李学良さんが今から太陽物産に行きます。

行く前に佐藤課長に挨拶をします。どんな言葉で挨拶をしますか。

（　）の中に書いて下さい。

➡「今から太陽物産に（　　　　　　　　　　　　　　　　　　　　）」

②説明を読んで答えて下さい。

大きなトラブルが起きて、お客様に謝る時にはどのお辞儀をすると良いですか。
選んで「　」の中に書いて下さい。

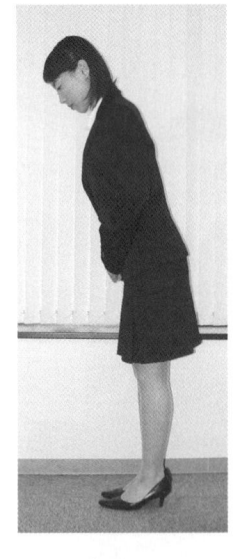　　

会釈　　　　　　　　普通礼　　　　　　　　最敬礼

 「　　　　　　　　　　　」

③説明を読んで答えて下さい。

東京商事第一営業課の李学良さんが今から太陽物産に行きます。
午後4時に東京商事に戻ってくる予定です。
行く前に予定表に予定を書く必要があります。
下の予定表に予定を書いて下さい。

予定表		
名前	帰着時間	行き先
佐藤		
中川		
李		
ヨン		

漢字の問題

①下線の漢字の読みを（　　）の中にひらがなで書いて下さい。

➡会社には遅刻（　　　　　　　　　　）しないだけでなく、始業(　　　　　　　)時間の１０
　分以上前には出社（　　　　　　　　　　　）して、仕事の準備をしましょう。

②下線のひらがなを（　　）の中に漢字で書いて下さい。

➡上司から仕事のしじ（　　　　　　）を受けたら、その内容をかくにん（　　　　　　　）
　するために復唱する。

➡会社の中でお金に関係する仕事をしているぶしょ（　　　　　）はけいり（　　　　　）
　で、会社全体に関係する事務をするのはそうむ（　　　　　　　　　）です。

敬語Ⅰ（敬語の基本）

けい ご　　　　　　　　き ほん

映像教材
約19分

2. 敬語Ⅰ（敬語の基本）について

　日本語は「情報が相手に伝われば良い」というだけの言葉ではありません。特にビジネスで使う日本語を理解するためには、文法や単語だけでなく、日本の社会と言葉の関係を理解することがとても重要です。

　日本の社会と日本語の関係で、特徴的なものは敬語です。敬語は相手に対して敬意を表すもので、日本の会社で働く時には必ず使います。敬語を使えると、自分だけでなく、会社の評価も高くなります。目上の人やお客様と会話をする時には注意が必要です。

　「日本語の中では敬語がとても難しい」と、日本人も思っています。相手と自分の関係を考えながら、話さなければならないからです。しかし、敬語も使っていれば、上手になります。

「2. 敬語Ⅰ」と「3. 敬語Ⅱ」では、敬語を中心にビジネスでの言葉づかいを学習します。

❶敬語を使う理由

チェック ポイント

①敬語を使う理由

なぜ？① 相手に尊敬の気持ちを表すためです。（年上の人・上司・先輩に対して）

例 「先日の会議の報告書が完成しましたので、ご確認下さい。」

なぜ？② 改まった気持ちを表すためです。（社外の人・お客様に対して）

ポイント お客様がいる場所や公式の場所では、同僚や後輩にも丁寧な言葉で話します。

例 「ヨンさん、資料をお配りして下さい。」「はい。わかりました。」

なぜ？③ 相手に礼儀を表すためです。（初めて話す人に対して）

● キーワード

「社外」「社内」

★14ページ「キーワード」

コラム — 上司と部下の関係

　日本では職場以外の場所でも上司と部下の関係が重要です。例えば、仕事が終わった後に一緒に食事に行ったり、お酒を飲みに行ったりすることがありますが、その時も上司とは敬語で話します。社内にいても、社外にいても、仕事が終わった後でも「上司は上司」と日本人は考えます。

❷敬語の種類

> ## チェック ポイント

①敬語には丁寧語、尊敬語、謙譲語がある。

②丁寧語

ポイント 丁寧語とは言葉を丁寧にすることで、尊敬の気持ちを表します。

自分のことにも相手のことにも使います。

文の種類	例　文	
名詞文	「あの方が社長だ。」 ↓ 「あの方が社長です。」 ↓ 「あの方が社長でございます。」	丁寧
存在文	「会議室はこのビルの6階にある。」 ↓ 「会議室はこのビルの6階にあります。」 ↓ 「会議室はこのビルの6階にございます。」	丁寧
動詞文	「昨日、商品が入荷した。」 ↓ 「昨日、商品が入荷しました。」	丁寧

③尊敬語

ポイント① 尊敬語とは相手の存在を高めることで直接的に尊敬の気持ちを表します。
相手や相手の行動に対して使います。

普通語

尊敬語

ポイント② 尊敬語（和語動詞）の形 Ⓐ 「お〇〇になる」「お〇〇です」
例① 「帰る」

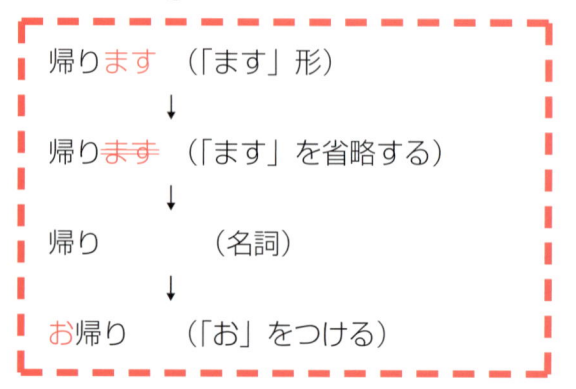

帰ります　（「ます」形）
↓
帰り<del>ます</del>　（「ます」を省略する）
↓
帰り　　　（名詞）
↓
お帰り　（「お」をつける）

形	例　　文
お○○になる。	「社長はもう帰りました。」 ↓ 「社長はもうお帰りになりました。」
お○○です。	「お客様が待っています。」 ↓ 「お客様がお待ちです。」

例②　「お○○になる」「お○○です」の形にならない動詞
　　　　「着る」「言う」「いる」「見る」「行く」「来る」「する」

ポイント③　尊敬語（動詞）の形 Ⓑ「○○（ら）れる」「○○される」「される」
　　　　受け身の形と同じなので、意味を間違えないように注意しましょう。
　　　　全ての普通語の動詞はこの形で尊敬語に変えることができます。

動詞の種類	形	例　　文
和語動詞	○○（ら）れる	「課長はいつ来ますか？」 ↓ 「課長はいつ来られますか？」
漢語動詞 外来語動詞	○○される	「課長はいつ出張しますか？」 ↓ 「課長はいつ出張されますか？」
する	される	「課長はいつ出張をしますか？」 ↓ 「課長はいつ出張をされますか？」

ポイント④　尊敬語（和語動詞）の形 Ⓒ 尊敬語の動詞

形	例　　文
尊敬語	「課長が言いました。」 ↓ 「課長がおっしゃいました。」

ポイント⑤　名詞の場合、「お」や「ご」をつけて尊敬を表します。
例③　「お名前」「ご理解」

　　　　★84ページ「❺「お」と「ご」の用法」

57

④謙譲語

ポイント①　謙譲語とは自分を相手より下に置いて相手を高め、間接的に尊敬の気持ちを表します。自分や自分の行動に対して使います。

普通語

謙譲語

ポイント②　謙譲語（和語動詞）の形 Ⓐ「お○○する」

尊敬語の「お○○になる」と似ているので、注意しましょう。

形	例　　文
お○○する	「私がその書類を持ちます。」 ↓ 「私がその書類をお持ちします。」

ポイント③ 謙譲語（動詞）の形 Ⓑ 謙譲語の動詞

形	例　　文
謙譲語	「先日、山田課長に会いました。」 ↓ 「先日、山田課長にお目にかかりました。」

⑤敬語は「です・ます」体で使う。

なぜ? 普通体で使っても尊敬の気持ちが伝わらないからです。

例 ×普通体「私がこのプロジェクトを担当致す。」

　　　〇ます体「私がこのプロジェクトを担当致します。」

ポイント 複文の中の文は「です・ます」体でなくても、失礼ではありません。

例 「今日、私は「課長がおっしゃった」件について報告書を作成します。」

注 意 点

Ⓐ 尊敬語・謙譲語（動詞）

例

普通語	尊敬語	謙譲語
いる	いらっしゃる おいでになる	おる
する	なさる される	致す させて頂く
聞く		拝聴する 承る 伺う
行く	いらっしゃる	伺う 参る
来る	ご足労頂く お越しになる おみえになる いらっしゃる	参る
言う	おっしゃる	申す 申し上げる
着る	お召しになる	
会う		お目にかかる
与える あげる	下さる 賜る	差し上げる 進呈する
見る	ご覧になる	見せて頂く 拝見する
受け取る	お納めになる	頂戴する
食べる 飲む	召し上がる	頂く
もらう		頂く
分かりました		かしこまりました
思う		存じる
知る		存じ上げる
借りる		拝借する

＊「かしこまりました」は「ました」の形だけ使います。

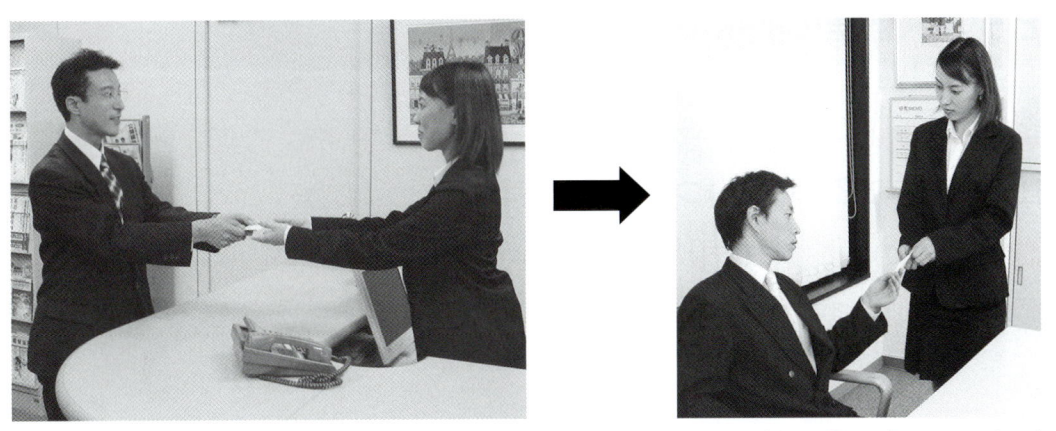

「太陽物産の山田課長がおみえになりました。」

「頂きます。」

Ⓑ 漢語動詞、外来語動詞の謙譲語

丁寧語	謙譲語	例
○○します。	○○致します。	コピー致します。
○○しています。	○○しております。 ○○致しております。	コピーしております。 コピー致しております。
○○しました。	○○致しました。	コピー致しました。

❸ビジネス敬語の基本ルール

チェック ポイント

①社外の人、お客様にはいつも敬語を使う。

ポイント 年下の人にも敬語を使います。

上司

お客様

敬語　　　　　　敬語

②社内の上司・先輩には敬語を使う。

ポイント① 年下の上司・先輩にも敬語を使います。

ポイント② 年上の後輩・部下に敬語は使わなくてもいいですが、「です・ます」体で話しましょう。

⭐53ページ「ポイント」

③ 「社内の人のこと」を社外の人と話す時には尊敬語を使わない。

ポイント① 役職名をつけて話してはいけません。呼び捨てにします。

なぜ？ 名前に役職名をつけると尊敬語になるからです。

例 ×「佐藤課長」

　　　 ○「佐藤」

ポイント② 謙譲語を使います。

社内の人

敬語

社外の人

例 ×「佐藤課長もとてもつりがお好きでいらっしゃるんですよ。」　尊敬語

　　　 ○「佐藤もとてもつりが好きなんですよ。」　謙譲語

会 話

　東京商事第一営業課の事務所(じむしょ)で李さんが太陽物産の山田課長からの電話を受けて、話している。

李　　　：「はい、東京商事第一営業課、李でございます。」①

山田課長：「太陽物産の山田と申します。先日はありがとうございました。」

李　　　：「こちらこそ、ありがとうございました。」

山田課長：「佐藤課長はいらっしゃいますか?」

李　　　：「申し訳(わけ)ございません。
　　　　　佐藤はあいにく外出しております。」③

山田課長：「そうですか。では、またこちらから
　　　　　お電話致します。」

李　　　：「恐(おそ)れいります。よろしくお願い致します。」

山田課長：「それでは、失礼致します。」

李　　　：「失礼致します。」

佐藤課長が東京商事第一営業課の事務所に戻った。

佐藤課長：「ただいま。おつかれさま。」

李　　　：「お帰りなさい。」

2

李　　　：「佐藤課長、課長が戻られる前に太陽物産の山田課長から
　　　　　お電話がありました。」②

佐藤課長：「そう、ありがとう。」

● キーワード

「こちらこそ」

ポイント 「私はあなたと同じ気持ちです」ということを伝える時に使います。

「お世話になっております。」→「こちらこそ、お世話になっております。」

「よろしくお願い致します。」→「こちらこそ、よろしくお願い致します。」

「あいにく」「恐れいります」

★79ページ「❷クッション言葉」

④社外の人に「社内のこと」と「社外のこと」を話す時は言葉を使い分ける。

例 自分の会社→「弊社」「当社」
相手の会社→「貴社」「御社」「○○さん(**例**：太陽物産さん)」

	自分の会社 (謙譲語)	相手の会社 (尊敬語)
会社	弊社、当社	貴社、御社 ○○さん(**例**：太陽物産さん)
人	(会社の) 者	(会社の) 方
個人名	佐藤	○○さん(**例**：佐藤さん) ○○様(**例**：佐藤様)
役職者	(課長の) 佐藤	○○長(**例**：佐藤課長)

コラム──「売る」「買う」──

　「売る」や「買う」等、「お金に直接関係する言葉」をお客様に対して使うことはあまりありません。例えば、「売る」は「扱う（尊敬語・謙譲語）」、「買う」は「お求めになる（尊敬語）、購入致す（謙譲語）」等に言い替えます。

注 意 点

Ⓐ自分の呼び方

普通語	謙譲語
私(わたし)	私(わたくし)
私達	「わたしども」「わたくしども」

Ⓑ相手の呼び方

普通語	尊敬語
あなた	**例①** 名前を知っている人　「○○さん」「○○様」 **例②** 役職がある人　「○○課長」「○○部長」 **例③** 名前を知らない人　「そちら」「そちら様」
客	お客様

Ⓒ家族の呼び方

私の○○	あなたの○○ ○○さんの○○
家族	ご家族
妻、家内	奥さん、奥様
夫、旦那、主人	旦那さん、旦那様、ご主人
父	お父さん、お父様
母	お母さん、お母様
子供	お子さん、お子様
息子	息子さん、ご子息（書き言葉）
娘	娘さん、ご令嬢（書き言葉）
兄	お兄さん、お兄様
姉	お姉さん、お姉様
祖父	おじいさん、おじい様
祖母	おばあさん、おばあ様
兄弟	ご兄弟

漢字の一覧

あ行

改まる（あらた）
致す（いた）
頂く（いただ）
伺う（うかが）
承る（うけたまわ）
納める（おさ）
恐れいる（おそ）
御社（おんしゃ）

か行

会議（かいぎ）
確認（かくにん）
家内（かない）
貴社（きしゃ）
基本（きほん）
敬語（けいご）
謙譲（けんじょう）

さ行

作成（さくせい）
子息（しそく）
失礼（しつれい）
事務所（じむしょ）
社外（しゃがい）
社内（しゃない）

重要（じゅうよう）
主人（しゅじん）
出張（しゅっちょう）
種類（しゅるい）
商品（しょうひん）
情報（じょうほう）
資料（しりょう）
進呈（しんてい）
足労（そくろう）
祖父（そふ）
祖母（そぼ）
尊敬（そんけい）
存じる（ぞん）

た行

賜る（たまわ）
担当（たんとう）
旦那（だんな）
丁寧（ていねい）
当社（とうしゃ）
特徴（とくちょう）

な行

入荷（にゅうか）

は行

拝見（はいけん）
拝聴（はいちょう）
評価（ひょうか）
弊社（へいしゃ）
報告（ほうこく）

ま行

参る（まい）
召す（め）
申す（もう）
者（もの）

や行

役職（やくしょく）

ら行

覧（らん）
礼儀（れいぎ）
令嬢（れいじょう）

わ行

訳（わけ）

練習問題

マナーの問題

①説明を読んで答えて下さい。

　東京商事第一営業課の李さんがジョウジマの社内で田中課長に自分と自分の会社のことを紹介します。下の文を敬語にして紹介して下さい。

　　「東京商事の李学良と言います。」→　➡「　　　　　　　　　　　　　　」

　　「私の会社は豊島区にあります。」→　➡「　　　　　　　　　　　　　　」

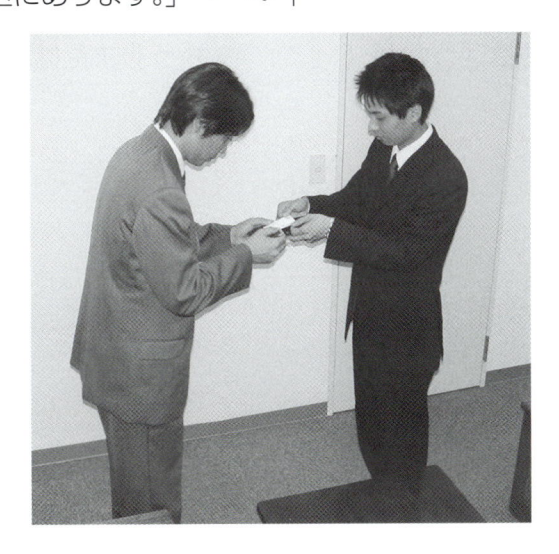

②説明を読んで答えて下さい。

「言う」の尊敬語を（ ）の中に2つ書いて下さい。

　　➡ （　　　　　　　　　　　）（　　　　　　　　　　　）

「伝える」と「伝言する」の謙譲語を（ ）の中に書いて下さい。

　　　「伝える」の謙譲語　　➡（　　　　　　　　　）
　　　「伝言する」の謙譲語　➡（　　　　　　　　　）

漢字の問題

①下線の漢字の読みを（　　）の中にひらがなで書いて下さい。

➡ 「見る」の謙譲語は「拝見（　　　　　　　）する」と言い、
「与える」の謙譲語は「進呈（　　　　　　　　）する」と言う。

②下線のひらがなを（　　）の中に漢字で書いて下さい。

➡ 「行く」の謙譲語は「うかが（　　　　　　）う」または、「まい（　　　　　）る」
と言う。

敬語Ⅱ（敬語の使い方）

映像教材
約29分

❶丁寧な言葉

チェック ポイント

①話し言葉を書き言葉に、和語を漢語に言い換える。

なぜ？ 敬語と一緒に使うと、より丁寧になるからです。

例① 「すぐにFAXをそっちに送りますので、よろしくお願いします。」

　　　↓　　　　　↓　　　　　↓　　　　　　　　　　↓

　　　「至急FAXをそちらにお送りしますので、よろしくお願い致します。」

例② 「その他に分からないところがあったら、また 言って下さい。」

　　　　　　↓　　　　　　↓　　　　↓　　　↓

　　　「その他にご不明な点がございましたら、改めて お聞きになって 頂けますか?」

時の言葉

話し言葉	書き言葉
今日	本日
明日 (あした)	明日 (あす) (みょうにち)
昨日 (きのう)	昨日 (さくじつ)
あさって	明後日
おととい	一昨日
ゆうべ	昨夜
明日の朝	明朝
去年	昨年
今年	本年
この前　　この間	先日
今日の朝	今朝
今	現在
さっき	先程
あとで	後程

質問の言葉

話し言葉	書き言葉
だれ	どなた
どこ	どちら
○○してもいいですか？	○○してもよろしいですか？
どうしますか？	いかが致しますか？
	×いかがしますか？

人の言葉

話し言葉	書き言葉
男、女（大人）	男性、女性
新人<ruby>新人<rt>しんじん</rt></ruby>	新入社員<ruby>新入<rt>にゅう</rt></ruby>社員

そ　の　他

話し言葉	書き言葉
分からないところ	ご不明な点
また	改<ruby>改<rt>あらた</rt></ruby>めて
はんこ	印鑑<ruby>印鑑<rt>いんかん</rt></ruby>
すぐに	至急<ruby>至急<rt>しきゅう</rt></ruby>
そっち	そちら
少し	少々
本当に	誠<ruby>誠<rt>まこと</rt></ruby>に
まず	最初に
じゃあ、	では、
すごく	大変<ruby>大変<rt>たいへん</rt></ruby>
とても	非常<ruby>非常<rt>ひじょう</rt></ruby>に
○○ですよ。	○○です。
○○だけど、	○○ですが、
	○○ですけれども、
○○なんです。	○○なのです。

和語・漢語（動詞）

和語	漢語
売る	販売する
送る	送付する
着る	着用する
終わる	終了する
出す	提出する
集まる	集合する
頼む	依頼する
使う	使用する
決める	決定する
確かめる	確認する
着く	到着する
(会社に)勤める	勤務する
認める	承認する
始める	開始する
知らせる	通知する
忘れる	失念する
断る	遠慮する
失くす	紛失する

②目上の人に頼む時は質問の形にする。

なぜ？ 「○○して下さい。」や「○○お願いします。」と言って頼むと、失礼だからです。

例 「○○して頂けますでしょうか？」
　　「○○をお願いしてもよろしいでしょうか？」

ポイント 目上の人やお客様に対しては、より丁寧な話し方を心がけましょう。

会話

東京商事第一営業課の事務所（じむしょ）でヨンさんが太陽物産の山田課長に電話をかけて話している。

ヨン　　　：「東京商事第一営業課のヨンと申します。いつもお世話（せわ）になっております。」

山田課長：「こちらこそ、いつもお世話になっております。」

ヨン　　　：「先日のお問い合わせの件に関して、至急FAXをそちらにお送りしますので、よろしくお願い致します。」

山田課長：「はい、わかりました。」

ヨン　　　：「その他にご不明な点がございましたら、改めてお聞きになって頂けますか？」

山田課長：「はい、ありがとうございます。」

ヨン　　　：「それでは、よろしくお願い致します。失礼（しつれい）します。」

山田課長：「はい、失礼致します。」

注 意 点

Ⓐ 「でしょう」「ましょう」で質問すると、丁寧になる。

ポイント① 名詞文・形容詞文

○○ですか？	○○でしょうか？
○○でしたか？	○○でしたでしょうか？

例 「FAXで送ってもよろしいですか？」

↓

「FAXで送ってもよろしいでしょうか？」

 丁寧

ポイント② 動詞文

○○ますか？	○○ましょうか？（自分の行動）
	○○ますでしょうか？（相手の行動）
○○ていますか？	○○ていますでしょうか？
○○ましたか？	○○ましたでしょうか？

例 「FAXで送って頂けますか？」

↓

「FAXで送って頂けますでしょうか？」

 丁寧

Ⓑ 「ません」の形で質問すると、丁寧になる。

ポイント① 名詞文

○○でしょうか？	○○ではございませんでしょうか？
○○でしたでしょうか？	○○ではございませんでしたでしょうか？

「FAXでしょうか？」

↓

例 「FAXではございませんでしょうか？」

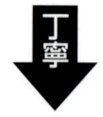 丁寧

ポイント② 動詞文

○○ましょうか？	--
○○ますでしょうか？	○○ませんでしょうか？（相手の行動）
○○ていますでしょうか？	○○ていませんでしょうか？
○○ましたでしょうか？	○○ませんでしたでしょうか？

例　「FAXで送って頂けますでしょうか？」
↓
「FAXで送って頂けませんでしょうか？」

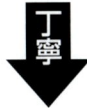

ポイント③ 存在文

ございますでしょうか？ （あります）	ございませんでしょうか？
ございましたでしょうか？ （ありました）	ございませんでしたでしょうか？
いらっしゃいますでしょうか？ （います）	いらっしゃいませんでしょうか？
いらっしゃいましたでしょうか？ （いました）	いらっしゃいませんでした でしょうか？

例　「FAXはございますでしょうか？」
↓
「FAXはございませんでしょうか？」

©成文で質問すると、丁寧になる。

例　「FAXで送って頂けませんでしょうか？」省略文
↓
「こちらに書類をFAXで送って頂けませんでしょうか？」成文

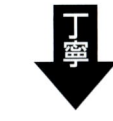

⒟こそあど言葉ではなく名詞で質問すると、丁寧になる。

例　「こちらに書類をFAXで送って頂けませんでしょうか？」こそあど
↓
「弊社に書類をFAXで送って頂けませんでしょうか？」名詞

「FAXで送ってもらえますか？」 普通語

↓

「FAXで送って頂けますか？」 普通語→敬語

↓

「FAXで送って頂けますでしょうか？」 ますか？→ますでしょうか？

↓

「FAXで送って頂けませんでしょうか？」 ます→ません

↓

「こちらに書類をFAXで送って頂けませんでしょうか？」 省略文→成文

↓

「弊社に書類をFAXで送って頂けませんでしょうか？」 こそあど言葉→名詞

丁寧

❷クッション言葉

チェック ポイント

上司やお客様には「クッション言葉」を使って話す。

なぜ？ スムーズにコミュニケーションが出来るからです。

ポイント 「クッション言葉」とは、相手の期待に添えない時や何かをお願いする時に言葉の前に付け加えることで、会話をクッションのように柔らかくする言葉です。

クッション

例

形	例　　文
あいにく（ですが）、 あいにくではございますが、 申し訳ございませんが、	相手が残念に思うことがあった時 **例** 名指し人がいない時 「〜、佐藤はただいま外出しております。」
申し訳ございませんが、	相手に「申し訳ない」と思う時 **例** 相手の提案を断る時 「〜、明日は別の予定が入っております。」
恐れいりますが、 恐縮ですが、 申し訳ございませんが、	分からないことを質問する時 何かをお願いする時 **例** 電話を取り次いでもらう時 「〜、山田課長はいらっしゃいますか？」
せっかくですが	相手の気づかいを仕方なく断る時 **例** 面談の途中で辞去する時 「せっかくですが、この後立ち寄る予定がありますので、失礼致します。」

お手数ですが、 お手数おかけしますが、 ご迷惑をおかけしますが、	相手の仕事を増やす時 **例** 相手から電話をかけてもらう時 「〜、お電話頂けますでしょうか?」
お差し支えなければ、 お差し支えないようでしたら、 よろしければ、	自分の行動が問題ないか相手に確認する時 **例** 伝言の内容を聞く時 「〜、私が伝言を 承 りますが、 よろしいでしょうか?」
失礼ですが	相手が名乗らない時 **例**「失礼ですが、お名前を伺ってもよろ しいでしょうか?」 **なぜ?** 話している相手が分からないことが 「失礼」だからです。
お言葉を返すようですが	目上の人に反対の意見を言う時 **例**「お言葉を返すようですが、私はこの ように感じます。」

「弊社に書類をFAXで送って頂けませんでしょうか?」
↓
「お手数ですが、弊社に書類をFAXで送って頂けませんでしょうか?」

丁寧

コラム ―「すみません」―

　日本人の中には「すみません。」をたくさん使う人がいますが、皆さんの中には「どうして謝らなくてもいい時に謝らなければならないのか?」「『すみません』は使いたくない。」と思う人もいるでしょう。そんな人は「すみません」ではなく、他のクッション言葉を使えば、スムーズにコミュニケーションができます。ただし、ミスをした時は「すみません」「申し訳ございません。」と謝りましょう。

❸尊敬語と謙譲語

チェック ポイント

★55ページ「❷敬語の種類」

①尊敬語と謙譲語の違いに注意する。

なぜ？ 尊敬語と謙譲語を混同して使ってしまうことが多いからです。

ポイント① お客様の行動には尊敬語を使います。

例① ×「あちらの商品担当の者に伺って下さい。」謙譲語

↓

○「あちらの商品担当の者にお聞きになって下さい。」尊敬語
「あちらの商品担当の者にお尋ねになって下さい。」

丁寧

↓

「あちらの商品担当の者にお尋ねになって頂けますか？」質問の形

例② ×「田中課長はおりますか？」謙譲語

↓

○「田中課長はいらっしゃいますか？」尊敬語

ポイント② 相手の敬語につられないようにしましょう。

なぜ？ 相手の言葉につられると、尊敬語と謙譲語を間違って使ってしまうことがあるからです。

例③ 「佐藤課長はいらっしゃいますか？」 → ×「はい、いらっしゃいます。」
（つられている）

○「はい、おります。」
（つられていない）

ポイント③ 謙譲語の「お～する」と尊敬語の「お～になる」を混同して使わない
ように注意しましょう。

なぜ？ 形が似ているからです。

例 ×「こちらで少々お待ちして下さい。」謙譲語

↓

○「こちらで少々お待ちになって 下さい。」尊敬語

↓

「こちらで少々お待ちになって頂けますか？」質問の形

丁寧

ポイント④ 謙譲語に「れる」「られる」をつけても尊敬語にはなりません。

例 ×「山田課長が申されていました。」
　　○「山田課長がおっしゃっていました。」

コラム 「謙遜」

　日本では「謙遜が良いこと」と考えます。例えば、相手に何かをプレゼントする時に「つまらない物ですが」と言う人がいます。「謙譲語」はこの「謙遜」の気持ちが関係しています。社外の人と話している時に自分の会社の良い点だけをたくさん言うと、印象が悪くなるので、やめましょう。社外の人があなたの会社の良い点を言ったら、「ありがとうございます」とお礼を言いましょう。

❹丁寧でない言葉・過剰敬語

チェック ポイント

①丁寧ではない言葉と一緒に使わない。

なぜ？ 敬語にはならないからです。

例 × 「お食いになる」
○ 「お食べになる」「召し上がる」

②過剰敬語は使わない。

なぜ？ 文法上は間違いではありませんが、丁寧すぎるからです。

例① × 「お召し上がりになられる」
（「食べる」の尊敬語「召し上がる」＋「お○○になる」＋「～られる」）
○ 「お食べになる」「召し上がる」

例② × 「お車にお乗り下さい。」（「お車」＋「お乗り」）
○ 「車にお乗り下さい。 」

例③ × 「ご出張される」（「ご出張」＋「される」）
○ 「ご出張する」「出張される」

例④ × 「ご出張にいらっしゃられました。」
（「ご出張」＋「いらっしゃる」＋「られる」）
○ 「出張にいらっしゃいました。」「出張に来られました。」

❺「お」と「ご」の用法

チェック ポイント

①名詞に「お」と「ご」をつけると、敬語になる。

ポイント① 相手の行動や物につけると尊敬語になります。

例 「考え」→「お考え」
「忙しい」→「お忙しい」

ポイント② 相手に関係する自分の行動や物につけると、謙譲語になります。

例 「連絡」→「ご連絡」
「知らせ」→「お知らせ」

ポイント③ 丁寧に、上品に話したい時につけると、丁寧語になります。

例 「いくら」→「おいくら」
「花」→「お花」

②「お」は「訓読みの和語」に、「ご」は「音読みの漢語」につく。

例① 訓読みの和語 「名前」→「お名前」
例② 音読みの漢語 「氏名」→「ご氏名」
ポイント① 例外もあります。

ポイント② 「お」や「ご」がつかない名詞

種　類	例	例　外
動物	犬、猫	お魚
植物	木、果物	お花、お野菜
外来語	バッグ、プリンター	おトイレ
天気	晴れ、雨、雷	お天気
時間	朝、夜、夜分	お昼、お時間

例 ×「<u>お夜分</u>に申し訳ありません。」

　　　↓

○「<u>夜分</u>に申し訳ありません。」「<u>夜遅く</u>に申し訳ありません。」

ポイント③ 「お」や「ご」がつく形容詞

例 「お好き」「お嫌い」「お忙しい」「ご丁寧な手紙」「ご<ruby>立派<rt>りっぱ</rt></ruby>な方」

③ 「お」と「ご」を使い過ぎない。

なぜ？ 過剰敬語になるからです。

漢字の一覧

あ行

改まる
致す
頂く
一昨日
依頼
印鑑
印象
伺う
承る
遠慮
恐れいる

か行

開始
確認
過剰
恐縮
勤務
食う
敬語
今朝
決定
謙譲
謙遜
断る
混同

さ行

先程
昨夜
差し支え
残念
仕方
至急
辞去
失念
失礼
事務所
集合
終了
使用
承認
商品
新人
新入
説明
世話
先日
送付
尊敬

た行

大変
確かめる

尋ねる
着用
通知
勤める
提出
丁寧
出来る
手数
伝言
到着
途中
取り次ぐ

な行

失くす
名乗る
後程

は行

販売
非常
紛失
弊社

ま行

誠

認める
明後日
明朝
迷惑
召す
面談

や行

柔らかい
予定

ら行

立派
連絡

練習問題

マナーの問題

①説明を読んで答えて下さい。

次の名詞を丁寧語にして下さい。

意見 → ➡ (	)	礼 → ➡ (	)
時間 → ➡ (	)	参加 → ➡ (	)
電話 → ➡ (	)	急ぎ → ➡ (	)

②説明を読んで答えて下さい。

（　）の中に入る言葉を書いて下さい。

ヨン　　　：「はい、東京商事第一営業課、ヨンでございます。」

山田課長：「太陽物産の山田と申します。
　　　　　　いつもお世話になっております。」

ヨン　　　：「こちらこそ、いつもお世話になっております。」

山田課長：「佐藤課長はいらっしゃいますか？」

ヨン　　　：「申し訳ございません。➡（　　　　　　　　　　）佐藤はただ今
　　　　　　外出しております。」

漢字の問題

①**下線の漢字の読みを（　　）の中にひらがなで書いて下さい。**

➡ 「売る」よりも「販売（　　　　　　　　　）する」の方が丁寧で、「知らせる」よりも
「通知（　　　　　　　　）する」の方が丁寧だ。

②**下線のひらがなを（　　）の中に漢字で書いて下さい。**

➡ 「さっき」よりも「さきほど（　　　　　　　　　）」の方が丁寧で、「この前」よりも
「せんじつ（　　　　　　　　）」の方が丁寧だ。

映像教材
約32分

ビジネス文書Ⅰ
（ビジネス文書の書き方）

4. ビジネス文書 I（ビジネス文書の書き方）について

　ビジネス文書は情報を伝える手段の一つで、毎日の仕事の中で多く作られて、使われています。口頭で伝えることもありますが、正確に情報を伝えたい時や記録を残したい時には文書を使うと良いでしょう。

　日本語には、会話の時に使う「話し言葉」と、文書に使う「書き言葉」があって、書き言葉の方が難しいのですが、文書には決まった形や決まった言葉づかいがありますので、それを知っておけば、相手から受け取った文書を読む時も、相手に送る文書を書く時も難しくはありません。

　ビジネス文書を正しく「読んで、書いて、送る」ことが出来るようにしましょう。

❶ビジネス文書の種類

①ビジネス文書には「社内文書」と「社外文書」がある。

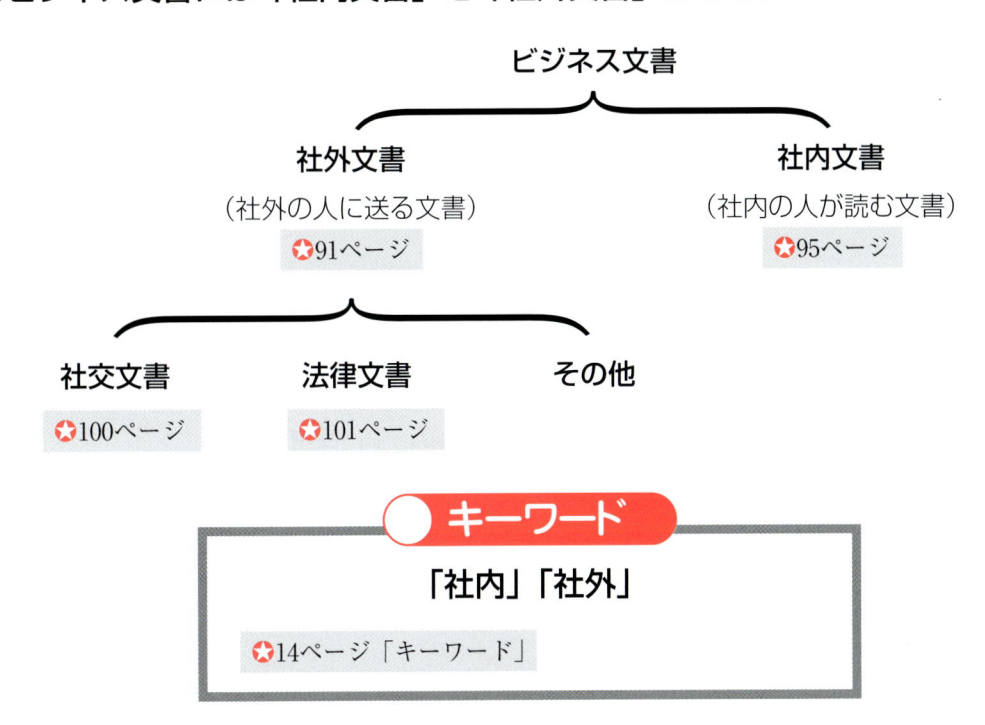

ビジネス文書

社外文書
（社外の人に送る文書）
⭐91ページ

社内文書
（社内の人が読む文書）
⭐95ページ

社交文書
⭐100ページ

法律文書
⭐101ページ

その他

> **キーワード**
>
> 「社内」「社外」
>
> ⭐14ページ「キーワード」

②社外文書の種類

ポイント 社外文書では社内文書より丁寧な言葉を使います。

なぜ？ お客様に送る文書だからです。

名前	説明
申請書（しんせい）	「相手の物を使う時」等に申し込む。
通知書（つうち）	「会社の電話番号が変わったこと」や「手続きが終わったこと」等を知らせる。
承諾書（しょうだく）	相手からの依頼や要求を引き受ける。
依頼書（いらい）	相手に仕事を依頼する。
督促状（とくそくじょう）	「お金の支払い」や「商品の発送」等をすぐに行なうように伝える。
案内状（あんない）	「商品やイベントの案内」等をする。

例　①　通知書（社外文書）

ふりがなはありません。

一営発２３５号
平成００年８月２０日

株式会社太陽物産
営業部第三営業課課長　山田聖一　様

株式会社東京商事
営業部第一営業課課長　佐藤浩

商品発送のお知らせ（ご通知）

拝啓　残暑の候、貴社ますますご盛栄のこととお喜び申し上げます。
平素は特別のお引立てを賜り、厚くお礼申し上げます。

　さて、貴社よりのご注文品は、すべて同封納品書のとおり、本日8
月２０日宅配便にてお送り申し上げました。ご査収のほど、よろしく
お願い申し上げます。

　なお、ご確認の上、同封の物品受領書をご返送頂きたくお願い致し
ます。

　まずは、出荷のお知らせまで。

敬具

記

同封書類
　　１　納品書　　　　　　　１通
　　２　物品受領書　　　　　１通

以上

例 ② 依頼書（社外文書）

ふりがなはありません。

一営発２３６号
平成００年８月２０日

株式会社太陽物産
営業部第三営業課課長　山田聖一　様

株式会社東京商事
営業部第一営業課課長　佐藤浩

○○の見積書送付のお願い

拝啓　残暑の候、貴社ますますご盛栄のこととお喜び申し上げます。
平素は特別のお引立てを賜り、厚くお礼申し上げます。

　さて、さっそくですが、下記の貴社取扱品について至急見積書を
ご送付下さいますようお願い申し上げます。
　なお、お手数ですが、○月○日までにお願いいたします。
　以上、取り急ぎご依頼まで。

敬具

記

1　品　　目　Ｚ－３０００（０５型）
2　数　　量　１０台
3　納　　期　９月２０日まで
4　支払方法　手形（６０日）
5　運賃諸掛　貴社負担

以上

例 督促状（社外文書）

ふりがなはありません。

一営発２３７号
平成００年８月２０日

株式会社太陽物産
営業部第三営業課課長　山田聖一　様

株式会社東京商事
営業部第一営業課課長　佐藤浩

納品のご確認（督促状）

拝啓　残暑の候、貴社ますますご盛栄のこととお喜び申し上げます。
平素は格別のお引き立てを賜り、厚くお礼申し上げます。

　さて、７月３０日付で発注いたしました下記の商品は、８月１５日
までに納品のお約束でございましたが、いまだに届いておりません。
　今まで信用第一をモットーに商売を続けてまいりました私どもとし
ては、ご注文いただきましたお客様に対して申しわけがなく、困惑し
ております。
　つきましては、何かの手違いかとは存じますが、早急にご手配くだ
さいますようお願い申し上げます。
　なお、本状と行き違いにて着荷した場合には、何とぞご容赦くださ
いますようお願い申し上げます。
　まずは、取り急ぎお願いまで。

敬具

記

　１　注文番号　　　No.99999999
　２　品目、数量　　Ｚ－1000　3台

以上

③社内文書の種類

名前	説明
日報 （にっぽう）	1日の仕事を報告する文書
遅刻・早退・欠勤届け （ちこく・そうたい・けっきん）	遅刻・早退・欠勤をする許可をもらう文書
稟議書 （りんぎ）	物を購入したりする時に決裁を受ける文書
企画書 （きかく）	仕事の企画を提案する文書
議事録 （ぎじろく）	会議の内容を記録する文書
伝票 （でんぴょう）	お金の出入りを記入する文書

4

例　報告文書（社内文書）

ふりがなはありません。

一営発２３１号
平成００年８月２０日

営業部　小林誠　部長

営業部第一営業課課長　佐藤浩

月例業務報告書

1．概　況　①売り上げ実績（平成００年７月）合計３０００万円
　　　　　　②比較／前月比で見ると７０％減収しているが、前年同月比では
　　　　　　　１５０％の数字を示している。
　　　　　　　減収は季節的要因によるもので、むしろ前年同月比では増収
　　　　　　　している。

2．見通し　今秋、今冬の商戦に向けての売り込みに大いに期待できる。

3．所　感　前項の見通しから、代理店・特約店との協力関係をより強化して
　　　　　　備えるべきである。そのためには代理店・特約店へのテコ入れを、
　　　　　　より一層進める必要があるのではないか。

以上

■ 例 ■ 指示文書（社内文書）

ふりがなはありません。

一営発２３２号
平成００年８月２０日

営業部社員　各位

営業部部長　小林誠

キャンペーン目標額達成について

　９月１日より商品「ＲＳ－Ｘ」の販売キャンペーンが開始されます。別表はキャンペーンにおける各社・営業所が設定した目標数値です。各目標額を達成するには、一人２００万円を全営業社員が販売しなければならない最低ラインです。

　このキャンペーンで優秀な成績を残すことが、ハワイ研修旅行の参加切符となります。皆様の猛烈な販売活動を期待しています。

記

１．品　　　名　　　「ＲＳ－Ｘ」
２．キャンペーン期間　９月１日～９月３０日
３．販売目標額　　　　社員各自２００万円
４．褒　　　賞　　　　達成者は１１月２１日～２７日にハワイで開催される
　　　　　　　　　　　社内研修旅行へ参加

以上

■ 例 ■ 連絡^{れんらく}文書（社内文書）

ふりがなはありません。

一営発２３３号
平成〇〇年８月２０日

社員　各位

営業部第一営業課課長　佐藤浩

各課連絡会議開催の件

下記のとおり各課連絡会議を開催しますので、ご出席下さい。

記

１．日　時　８月２４日（月曜日）午前１０時〜正午
２．場　所　１０階小会議室
３．議　題　（１）営業活動の見直しについて
　　　　　　（２）関連企業との協力態勢の見直しについて
　　　　　　（３）Ａプロジェクトを推進するにあたり、チーム
　　　　　　　　　出向社員の選別について
　　　　　　（４）その他
４．用　意　各課の勤務表を持参のこと。

なお、総合企画室長、関連事業室長が同席します。

以上

担当：営業部第一営業課
李学良
内線　１１８

例 記録文書（社内文書）

ふりがなはありません。

一営発２３４号
平成００年８月２０日

営業部　小林誠　部長

営業部第一営業課課長　佐藤浩

販売宣伝会議議事録

日　時　８月１７日（月曜日）午前９時３０分～正午
場　所　６階小会議室
議　題　新製品「ＲＳ－Ｘ」の宣伝計画について
出席者　吉本宣伝課長（司会）、渡辺販売部長（中途出席）
　　　　佐久間販売課長、坂本財務部長、宣伝課　大山、小山、中山（中途退席）
　　　　第一営業課　佐藤、中川、李

議　事　新年度の主力製品として大々的に売り出すための効果的な宣伝計画に
　　　　ついて、宣伝課の方針説明、財務課の状況説明、販売課の要請を中心
　　　　に総合的に検討した。順序は次のとおり。
　　　　　①スケジュール説明　②質疑応答　③宣伝媒体の検討
　　　　　④財務課からの質問、意見　⑤販売課からの質問、意見
　　　　　⑥予算案の検討

決　定　①スケジュールについては合意
　　　　②宣伝媒体の比率はテレビ５(全国)、新聞４(全国紙３、地方紙１)、
　　　　　ラジオ・雑誌１の割合とする。
　　　　③予算案は保留。次回、社長室、経営企画委員会のスタッフ同席のも
　　　　　とで、再度検討する。

経　過　午前９時３０分～１０時／宣伝課長から方針の説明、質疑応答。
　　　　午前１０時～１０時３０分／販売課長の販売態勢の説明にもとづき、
　　　　宣伝媒体を検討、質疑応答。
　　　　午前１０時３０分～正午／宣伝課の費用見積りをベースに予算案の検
　　　　討、財務課長からアドバイス。

以上

例 社交文書

ふりがなはありません。

平成〇〇年8月20日

株式会社太陽物産
営業部第三営業課課長　山田聖一　様

株式会社東京商事
営業部第一営業課課長　佐藤浩

拝啓　晩夏の候、貴社ますますご隆昌のこととお喜び申し上げます。
平素は格別のご愛顧を賜り、厚くお礼申し上げます。

　さて、このたびは弊社商品Z-1000を大量にご注文頂き、誠に
ありがとうございます。

　ご注文の品は、期日(9月10日)までに必ずお届けいたします。

　今後とも、弊社商品をお引立てくださいますようお願い申し上げます。

　まずは、とりあえずご注文のお礼を申し上げます。

敬具

記

同封書類　　注文請書　1通

以上

例 法律文書

ふりがなはありません。

契　約　書

　株式会社東京商事を甲とし、九州物産株式会社を乙とし、甲乙間において、
次のとおり契約する。
　　第１条　甲は、乙に対して甲の製品を売り渡し、乙はこれを買い受けて販売
　　　　　　することを約束する。
　　第２条　売買代金の決済は以下のとおりとする。
　　　①　甲は、乙に引き渡した製品につき、毎月末締め切りにて
　　　　　請求書を乙に送付する。
　　　②　乙は、前項の請求代金支払いのため、請求書締め切り月の翌月２５
　　　　　日までに代金金額を、締め切り日より６ヵ月以内の期日を満期とす
　　　　　る約束手形により、甲に支払う。
　　第３条　この契約書は２通作成し、甲、乙それぞれが１通ずつ所持する。

平成００年４月１日

甲　住所　東京都豊島区池袋2丁目68番地
　　氏名　株式会社東京商事
　　　　　代表取締役社長　木村拓郎　㊞

乙　住所　福岡県福岡市中央区天神1丁目1番地
　　氏名　九州物産株式会社
　　　　　代表取締役社長　加藤和彦　㊞

コラム ── 仕事の進め方 ──

　日本の会社は「みんなで決めてから仕事を進める」という考え方があります。何かを始める前に社内で会議をしたり、稟議書を見たりして、問題がないかどうか確認してから仕事を進めます。

　しかし、みんなで決めていては、時間がかかるので、外国の人は「日本人の仕事は遅い」と感じる人もいるようです。

❷ビジネス文書の文体

① 「です・ます体」で書く。

ポイント ほとんどの文書では箇条書きの部分以外は「です・ます体」を使って書きます。

②アラビア数字を使う。

ポイント① 金額や日にち等、ほとんどはアラビア数字（1、2〜）を使います。

例 漢数字（一、二〜）を使う時

種類	例
ひ、ふ、み	一つ、二人
熟語	一応、一方的
お金	千円札、百ドル紙幣
大まかな数	数千人、数万冊

ポイント② 漢字は日本で使われている現在の漢字を使うことに注意しましょう。

なぜ？ 他の国で使われている漢字とは形が違うからです。

ポイント③ 「？」「！」等の記号は使ってはいけません。基本的に点（、）と丸（。）だけ使います。

❸ビジネス文書の基本書式

ポイント 「前付け」「本文」「後付け」の3つのブロックに分かれています。

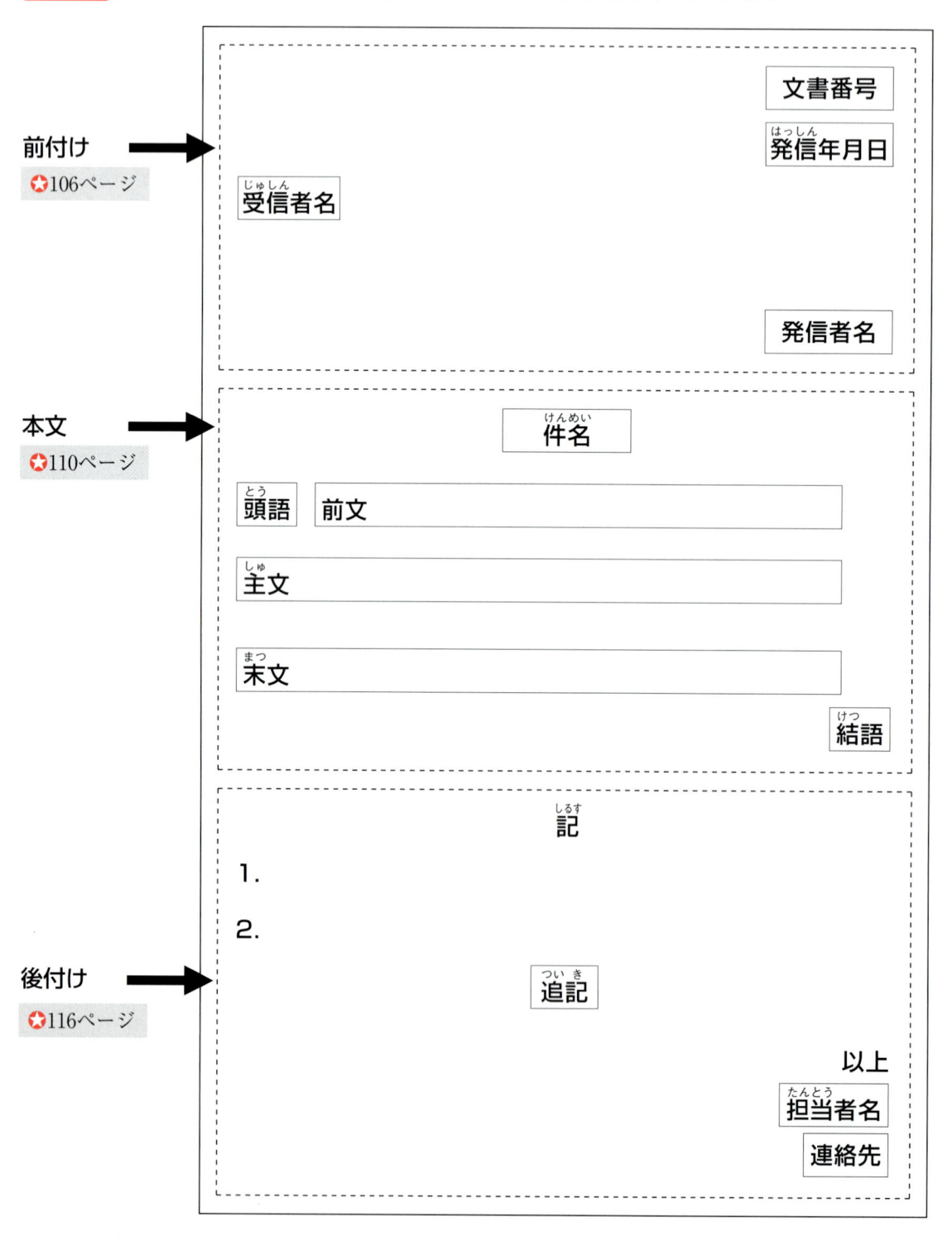

前付け
⭐106ページ

本文
⭐110ページ

後付け
⭐116ページ

文書番号

発信年月日（はっしん）

受信者名（じゅしん）

発信者名

件名（けんめい）

頭語（とう） 前文

主文（しゅ）

末文（まつ）

結語（けつ）

記（しるす）

1.

2.

追記（ついき）

以上

担当者名（たんとう）

連絡先

例

前付け

一営発２３０号
平成００年８月２０日

株式会社太陽物産
営業部第三営業課課長　山田聖一　様

株式会社東京商事
営業部第一営業課課長　佐藤浩

本文

「東京商事オフィス機器展示会」について（ご案内）

拝啓　残暑の候、貴社ますますご盛栄のこととお喜び申し上げます。平素は格別のご愛顧を賜り、厚くお礼を申し上げます。

　さて、弊社は創業以来、国内各メーカーの業務用プリンターの代理販売を関東地区を中心に行ってまいりました。昨年からは優良な海外製品をアジア、アメリカ、ヨーロッパから多数取り入れ、国内商品の半額での提供を開始し、大変ご好評を頂いております。今年度からは各地区の代理店を通じて全商品の全国販売とメンテナンスサービスを開始致しました。今後もサービス向上に努め、皆様に一層愛される企業を目指したいと考えております。

　このたび、弊社では商品ラインナップを一新致しまして、「東京商事オフィス機器展示会」を開催することとなりました。下記の通り、お知らせ致します。

　つきましては、日頃ご愛顧頂いているお客様に、展示会の招待券を送らせて頂きました。

　何卒多数お誘いあわせの上、ご参加頂きますよう、よろしくお願い申し上げます。

敬具

後付け

記

1．日時　　平成00年9月6日（月）〜9月10日（金）10：00 - 19：00
2．場所　　東京商事丸の内ショールーム　（東京都千代田区丸の内5丁目1-1）

追記

　なお、当展示会の招待券とパンフレットを同封させていただきましたので、ご利用ください。招待券をご持参の方には粗品をご用意しております。

同封書類　「東京商事オフィス機器展示会」招待券　　　10枚
　　　　　「東京商事オフィス機器展示会」パンフレット　10部

以上

お問い合わせ先：
東京商事第一営業課
ヨン・イーリン
TEL：03-1234-3333
Fax：03-1234-5555
E-mail：yong@tokyo.co.jp

❹前付け

［文書例 1］

① 一営発230号
② 平成○○年8月20日
③ 株式会社太陽物産
　営業部第三営業課課長　山田聖一　様
⑤ 株式会社東京商事
　営業部第三営業課課長　佐藤浩

［文書例 2］

① 一営発231号
② 平成○○年8月20日
④ 営業部　小林誠　部長
⑤ 営業部第一営業課課長　佐藤浩

チェックポイント

①文書番号

ポイント①　文書の右上に番号をつけます。

なぜ？　文書を管理するためです。

ポイント②　社外文書にはつけません。

ポイント③　番号のつけ方は会社によって違いますので、自分の会社の人に聞いて下さい。

例　「一営発230号」＝第一営業課が発信した230番目の文書。

②発信年月日

ポイント①　「文書を送った日」を書きます。

なぜ？　後で問題が起きた時に必要になるからです。

ポイント②　社外文書の発信日＝「FAXで送信した日」「ポストに入れた日」
社内文書の発信日＝「社内に公開した日」

ポイント③　「年」は国内向けの文書は元号で、海外向けの文書は西暦で書きます。

③受信者名（社外文書）

ポイント① 正式名称（めいしょう）を書きます。略称を使ってはいけません。

例

略称	正式名称
(株)○○　　　(前株)	株式会社○○（かぶしき）
○○(株)　　　(後株)	○○株式会社

ポイント② 敬称を氏名や会社名の後に**1文字あけて**書きます。

宛先（あてさき）	敬称	書き方の例(社外)
会社	○○御中（おんちゅう）	株式会社太陽物産　御中
部署	○○御中	株式会社太陽物産 第三営業課　御中
個人	○○様	株式会社太陽物産 第三営業課課長　山田聖一　様
多数の個人	○○各位（かくい）	お客様　各位

ポイント③ 役職名の後に敬称をつける必要はありません。

なぜ？ 役職名だけで敬称になるからです。

例

×	○
田中課長　様	課長　田中　様
営業課　田中課長　様	営業課課長　田中　様
山口先生　様	山口先生

ポイント④ 複数の人の名前を書く時は名前を縦に並べて「様」を全員につけます。

例

×	○
田中太郎	田中太郎　様
鈴木一郎　様	鈴木一郎　様
佐藤次郎	佐藤次郎　様

「○○先」=「相手・場所のこと」

訪問先　→　訪問する相手
外出先　→　外出する場所
取引先　→　取引する相手
得意先　→　自社の商品をよく買ってくれる相手
宛先　→　文書を送る相手・場所

④受信者名(社内文書)

ポイント　役職がある人には敬称はつけずに、役職がない人にだけ「殿」をつけます。

例①　役職がある人「第一営業課　佐藤浩　課長」

例②　役職がない人「第一営業課　李学良　殿」

⑤発信者名(社外文書)

ポイント①　役職者の名前を書きましょう。

なぜ?　社外文書は「会社を代表する文書」だからです。

ポイント②　受信者と発信者の役職を同じくらいにすることが基本です。書く前に上司に確認しましょう。

ポイント③　発信者名の下に会社の所在地と電話番号を書く場合もあります。

ポイント④　受信者名が個人名の場合は発信者名も個人名にします。

ポイント⑤　発信者名の上に会社の印鑑(判子)を押します。社交文書には押しません。

社印
‖
会社の印鑑

⑥発信者名（社内文書）

ポイント 所属部署名と自分の名前を書くことが多いですが、所属部署名だけを書く場合もあります。書く時に上司に確認しましょう。

4

コラム — 印　鑑

　日本での生活には印鑑（判子）は絶対に必要な物です。生まれた時から死んだ時まで印鑑を使います。結婚する時、家を借りる時や買う時、会社に就職する時や会社を設立する時等は、印鑑がないとできません。

　書類にサインする方法は「署名・捺印」と言って、自分の名前を書いた（署名）後に印鑑を押す（捺印）という形が多いです。「署名」だけでは完全なサインにならないことがあります。

❺本文

① 「東京商事オフィス機器展示会」について（ご案内）

② 拝啓｜③ 残暑の候、貴社ますますご盛栄のこととお喜び申し上げます。平素は格別のご愛顧を賜り、厚くお礼を申し上げます。

④ さて、弊社は創業以来、国内各メーカーの業務用プリンターの代理販売を関東地区を中心に行ってまいりました。昨年からは優良な海外製品をアジア、アメリカ、ヨーロッパから多数取り入れ、国内商品の半額での提供を開始し、大変ご好評を頂いております。今年度からは各地区の代理店を通じて全商品の全国販売とメンテナンスサービスを開始致しました。今後もサービス向上に努め、皆様に一層愛される企業を目指したいと考えております。

このたび、弊社では商品ラインナップを一新致しまして、「東京商事オフィス機器展示会」を開催することとなりました。下記の通り、お知らせ致します。

つきましては、日頃ご愛顧頂いているお客様に、展示会の招待券を送らせて頂きました。

⑤ 何卒多数お誘いあわせの上、ご参加頂きますよう、よろしくお願い申し上げます。

② 敬具

チェック ポイント

①件名

ポイント① 発信者名の下に１、２行あけて中央に書きます。

ポイント② その文書の内容と目的を表す短い言葉を書きます。

なぜ？ 文書の内容と目的がすぐに分かるからです。

例 「○○について(○○)」

内容　　　　目的（もくてき）

「プリンターのご注文について(ご回答)」

プリンターのご注文についてご回答致します。

ポイント③ 目立つように大きい文字で書きましょう。

②前文（頭語・結語）

ポイント① 頭語は本文の最初に、結語は本文の最後に書きます。

なぜ？ 「文書を丁寧に書く気持ち」や「相手に対する尊敬の気持ち」を表すためです。

ポイント② 頭語と結語はセットで使います。

例 頭語、結語の種類

	頭語	結語
一般的	拝啓 （はいけい）	敬具 （けいぐ）
返信の手紙 （へんしん）	拝復 （ふく）	敬具

ポイント③ 頭語の後に点はつけません。１文字分あけて次の文を書きます。

例 × 拝啓、○○〜

○ 拝啓 ○○〜

ポイント④ 社内文書には使いません。

「返（へん）○○」＝「返（かえ）すこと」

返事・返答 → 質問や呼びかけ等に答えること

返信 → 返事・返答の文書

③前文（挨拶文）

ポイント① 「季節の挨拶」「安否の挨拶」「感謝の挨拶」を組み合わせて作ります。

ポイント② 「季節の挨拶」では文書を送った時の季節の言葉を書きます。

例 ○○の候

月	言葉		
1月	新春の候	迎春の候	厳寒の候
2月	晩冬の候	余寒の候	立春の候
3月	早春の候	春寒の候	浅春の候
4月	陽春の候	晩春の候	春暖の候
5月	新緑の候	初夏の候	立夏の候
6月	麦秋の候	梅雨の候	向夏の候
7月	盛夏の候	猛暑の候	酷暑の候
8月	残暑の候	晩夏の候	立秋の候
9月	初秋の候	新秋の候	秋涼の候
10月	秋冷の候	秋晴の候	仲秋の候
11月	晩秋の候	深冷の候	立冬の候
12月	初冬の候	寒冷の候	師走の候
全ての月	時下		

ポイント③ 改まった社交文書では、「最近」という意味の「時下」を使ってはいけません。

なぜ？ 季節の挨拶の方が丁寧だからです。

例 拝啓　時下ますますご清祥のこととお喜び申し上げます。

ポイント④ 「安否の挨拶」は相手の会社の発展を祝う言葉です。書き言葉を組み合わせて使うことが出来ます。

例① 会社宛て

貴社（きしゃ） 皆々様 貴店	には ますます 一層（いっそう） いよいよ	ご盛栄（せいえい） ご繁栄（はん） ご発展（はってん） ご繁盛（はんじょう）	のことと の段と（だん） のほどと	お喜び申し上げます。 拝察いたします。（はいさつ） 何よりと存じます。（ぞん） 存じます。

貴社	ますます	ご盛栄のことと	お喜び申し上げます。
↓	↓	↓	↓
あなたの会社が	更に	発展していることを	（私は）喜んでいます。

例② 個人宛て

貴殿（でん） 貴職	には 益々	ご健勝（けんしょう） ご清祥（せいしょう） ご壮健（そうけん）	のことと の段と のほどと	お喜び申し上げます。 拝察いたします。 お喜び存じます。 存じます。

貴殿	ますます	ご健勝のことと	お喜び申し上げます。
↓	↓	↓	↓
あなたが	更に	健康で幸せなことを	（私は）喜んでいます。

ポイント⑤ 「感謝の挨拶」も言葉を組み合わせて使うことが出来ます。

例

平素は（へいそ） 日ごろ	格別の 何かと	ご厚情を（こうじょう） ご愛顧を（あいこ） お引き立てを	頂き（まして）、 賜り（まして）、（たまわ） 下さり（まして）、	（厚く）お礼（を）申し上げます。 感謝申し上げます。 誠にありがとうございます。

平素は	格別の	ご愛顧を賜り、		厚くお礼申し上げます。
↓	↓	↓	↓	↓
普段は	特別に	扱ってもらい、		ありがとうございます。

ポイント⑥ 返信の場合、前文は「季節の挨拶」と「お礼の挨拶」を省略します。

例

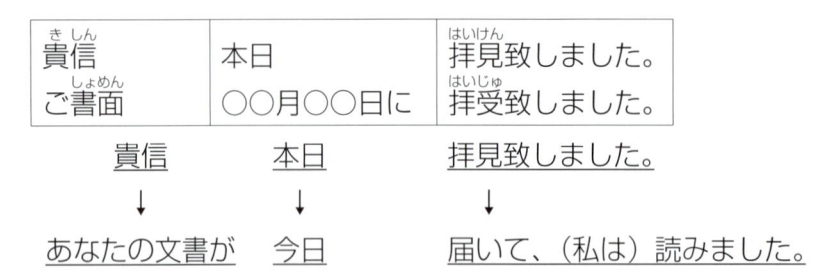

貴信 き しん	本日	拝見致しました。 はいけん
ご書面 しょめん	○○月○○日に	拝受致しました。 はいじゅ

貴信	本日	拝見致しました。
↓	↓	↓
あなたの文書が	今日	届いて、（私は）読みました。

ポイント⑦ 社内文書では頭語、結語、挨拶文は書きません。主文から書きます。

④主文

ポイント① 主文は文書の中心で、起語と用件文でできています。
ようけん

ポイント② 起承転結の4つに分けて書きましょう。
き しょうてんけつ

なぜ? 内容を分かりやすく書くことが出来るからです。

	書く内容	よく使われる言葉
起	起語	さて、ところで、実は、おかげさまで、承りますれば うけたまわ
承	用件文	このたび
転	用件文	つきましては
結	末文	なにとぞ

ポイント③ 文を書く前に書く内容をメモ用紙に5W3Hで書いて、まとめましょう。

ポイント④ はっきりしない言葉は使わないようにしましょう。

なぜ? 読む人が誤解するかもしれないからです。
ご かい

例 ×「今月末までに」「早急に」
そうきゅう
○「9月30日までに」

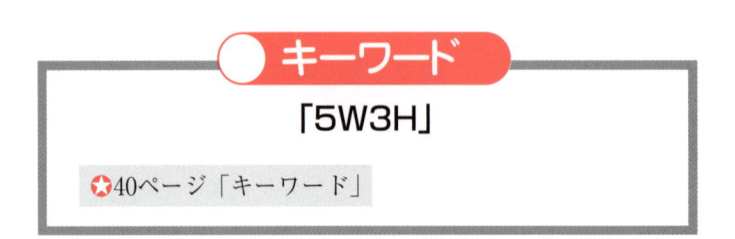

キーワード

「5W3H」

⭐40ページ「キーワード」

ポイント⑤ 1つの文書には1つの用件を書きましょう。

なぜ？ ファイリング等の文書管理に不便だからです。

「どっちにファイリングしようか？」

⑤末文

ポイント① 末文は主文の最後に書く挨拶です。

例① 正式

何卒 （なにとぞ）	よろしく	ご指導	下さりますよう	お願い申し上げます。
どうぞ	一層	ご愛顧	賜りますよう	
今後とも	変わらぬ	お引き立て	頂きますよう	

例② 略式

まずは	ご通知	申し上げます。
取り急ぎ	ご案内	まで。
	お礼	
	お知らせ	

ポイント② 社交文書では失礼になるので簡略化してはいけません。

❻後付け

	記
①	1．日時　　平成00年9月6日（月）〜9月10日（金）　10：00-19：00
	2．場所　　東京商事丸の内ショールーム　（東京都千代田区丸の内5丁目1-1）

② 追記

　なお、当展示会の招待券とパンフレットを同封させていただきましたので、ご利用ください。招待券をご持参の方には粗品をご用意しております。

　同封書類　「東京商事オフィス機器展示会」招待券　　　　　10枚
　　　　　　「東京商事オフィス機器展示会」パンフレット　10部

以上

③
お問い合わせ先：
東京商事第一営業課
ヨン・イーリン
TEL：03-1234-3333
Fax：03-1234-5555
E-mail：yong@tokyo.co.jp

①別記（べっき）

ポイント① 「別記」は用件を整理するために主文と分けて書く時に使います。

ポイント② 結語の次の行に「記」と書いてから書き始めます。

ポイント③ 日時、場所、注文（ちゅうもん）の品名・数量等、箇条書きで書きます。
なぜ？ 分かりやすくなるからです。

ポイント④ 主文の中に「下の方に別記が書いてある」ことを書いて、伝えます。
例 「下記の通り、〜」
　　　「別記の通り、〜」

ポイント⑤ 最後に改行して、「以上」と右詰めで書きます。

なぜ？ 「用件は以上で終わり」ということが読む人に分かるようにするためです。

②追記

ポイント① 追記は「別記が長くなりそうな場合」や「内容を分けて書いた方が更に見やすく分かりやすい場合」に使います。

ポイント② 始めに「追伸」「追記」などの言葉を中央に書きます。

ポイント③ 「以上」は「『別記』と『追記』がある文書」には「追記」の後に、「『別記』だけの場合は『別記』」の後に書きます。

4

③担当者名

ポイント① 担当者名は文書を作成した担当者や、文書内容に対する問い合わせを受ける担当者の名前を書きます。

なぜ？ 問い合わせに対応する担当者の方がお客様にとって都合（つごう）がいいからです。

ポイント② 右下に、右合わせで書きます。

ポイント③ 電話番号やメールアドレスを書きましょう。

なぜ？ 相手が問い合わせることができるからです。

一営発２３０号
平成００年８月２０日

株式会社太陽物産
営業部第三営業課課長　山田聖一　様

株式会社東京商事
営業部第一営業課課長　佐藤浩

「東京商事オフィス機器展示会」について（ご案内）

拝啓　残暑の候、貴社ますますご盛栄のこととお喜び申し上げます。平素は格別のご愛顧を賜り、厚くお礼を申し上げます。

　さて、弊社は創業以来、国内各メーカーの業務用プリンターの代理販売を関東地区を中心に行ってまいりました。昨年からは優良な海外製品をアジア、アメリカ、ヨーロッパから多数取り入れ、国内商品の半額での提供を開始し、大変ご好評を頂いております。今年度からは各地区の代理店を通じて全商品の全国販売とメンテナンスサービスを開始致しました。今後もサービス向上に努め、皆様に一層愛される企業を目指したいと考えております。

　このたび、弊社では商品ラインナップを一新致しまして、「東京商事オフィス機器展示会」を開催することとなりました。下記の通り、お知らせ致します。

　つきましては、日頃ご愛顧頂いているお客様に、展示会の招待券を送らせて頂きました。

　何卒多数お誘いあわせの上、ご参加頂きますよう、よろしくお願い申し上げます。

敬具

記

1．日時　　平成00年9月6日（月）〜9月10日（金）10：00-19：00
2．場所　　東京商事丸の内ショールーム　（東京都千代田区丸の内5丁目1-1）

追記

　なお、当展示会の招待券とパンフレットを同封させていただきましたので、ご利用ください。招待券をご持参の方には粗品をご用意しております。

同封書類　「東京商事オフィス機器展示会」招待券　　　　10枚
　　　　　「東京商事オフィス機器展示会」パンフレット　10部

以上

お問い合わせ先：
東京商事第一営業課
ヨン・イーリン
TEL：03-1234-3333
Fax：03-1234-5555
E-mail：yong@tokyo.co.jp

❼社交文書

チェック ポイント

ポイント① 社交文書は社外の人に挨拶やお祝いを伝えるための文書です。

なぜ？ ビジネスとは直接は関係がありませんが、取引先と良い関係を続けたりするために送ります。

ポイント② 書式は社外文書とほとんどおなじですが、件名や文書番号はつけません。

例

名　前	説　明
挨拶状	転勤等の挨拶をする文書。
祝賀状	年賀状、暑中見舞い等の季節の挨拶をする文書。 結婚祝い、誕生祝い等のお祝いの文書。
礼状	お世話になった人にお礼をする文書。
弔慰状	亡くなった人の家族に送る文書。

ポイント③ まとめ

文書の種類	文書番号 件名 印鑑	頭語、結語 時候の挨拶 感謝の挨拶 末文の挨拶	尊敬語 謙譲語
社交文書	不要	必要	必要
社交文書以外 の社外文書	必要	必要	必要
社内文書	必要	不要	不要 （丁寧語は必要）

漢字の一覧

あ行

愛顧（あいこ）
挨拶（あいさつ）
宛先（あてさき）
案内（あんない）
安否（あんぴ）
一層（いっそう）
依頼（いらい）
印鑑（いんかん）
承る（うけたまわる）
追う（おう）
御中（おんちゅう）

か行

会議（かいぎ）
返す（かえす）
各位（かくい）
確認（かくにん）
箇条（かじょう）
株式（かぶしき）
管理（かんり）
企画（きかく）
機器（きき）
貴社（きしゃ）
起承転結（きしょうてんけつ）
議事録（ぎじろく）
貴信（きしん）
貴殿（きでん）

基本（きほん）
許可（きょか）
記録（きろく）
敬具（けいぐ）
迎春（げいしゅん）
敬称（けいしょう）
契約（けいやく）
欠勤（けっきん）
結語（けつご）
結婚祝い（けっこんいわい）
決裁（けっさい）
厳寒（げんかん）
元号（げんごう）
健勝（けんしょう）
件名（けんめい）
侯（こう）
向夏（こうか）
厚情（こうじょう）
口頭（こうとう）
購入（こうにゅう）
誤解（ごかい）
酷暑（こくしょ）

さ行

先（さき）
札（さつ）
残暑（ざんしょ）
時下（じか）
指示（しじ）

紙幣（しへい）
社外（しゃがい）
社内（しゃない）
就職（しゅうしょく）
秋晴（しゅうせい）
秋涼（しゅうりょう）
秋令（しゅうれい）
祝賀（しゅくが）
熟語（じゅくご）
受信（じゅしん）
手段（しゅだん）
主文（しゅぶん）
種類（しゅるい）
春暖（しゅんだん）
承諾（しょうだく）
情報（じょうほう）
初夏（しょか）
所属（しょぞく）
暑中見舞い（しょちゅうみまい）
署名（しょめい）
書面（しょめん）
記（しるす）
師走（しわす）
新春（しんしゅん）
申請（しんせい）
新緑（しんりょく）
深冷（しんれい）
盛栄（せいえい）
盛夏（せいか）
請求（せいきゅう）

清祥（せいしょう）
西暦（せいれき）
設立（せつりつ）
浅春（せんしゅん）
壮健（そうけん）
早春（そうしゅん）
早退（そうたい）
早急（そうきゅう）
存ずる（ぞんずる）

た行

対応（たいおう）
代表（だいひょう）
賜る（たまわる）
誕生（たんじょう）
段（だん）
担当（たんとう）
遅刻（ちこく）
仲秋（ちゅうしゅう）
注文（ちゅうもん）
弔慰（ちょうい）
追記（ついき）
通知（つうち）
都合（つごう）
提案（ていあん）
丁寧（ていねい）
転勤（てんきん）
展示（てんじ）
伝票（でんぴょう）

頭語（とうご）
得意先（とくいさき）
督促状（とくそくじょう）
殿（どの）
取引（とりひき）

な行

内容（ないよう）
捺印（なついん）
何卒（なにとぞ）
日報（にっぽう）
年賀（ねんが）

は行

梅雨（ばいう）
拝啓（はいけい）
拝見（はいけん）
拝察（はいさつ）
拝受（はいじゅ）
拝復（はいふく）
麦秋（ばくしゅう）
発信（はっしん）
発展（はってん）
繁栄（はんえい）
発送（はっそう）
繁盛（はんじょう）
晩冬（ばんとう）
封筒（ふうとう）

ま行

別記（べっき）
平素（へいそ）
返信（へんしん）
報告（ほうこく）

前付け（まえづけ）
末文（まつぶん）
名称（めいしょう）
猛暑（もうしょ）
目的（もくてき）

や行

役職（やくしょく）
要求（ようきゅう）
用件（ようけん）
余寒（よかん）

ら行

立春（りっしゅん）
立冬（りっとう）
稟議（りんぎ）
連絡（れんらく）

練習問題

文書の問題

①説明を読んで答えて下さい。

（　　　　）の中に入る言葉を書いて下さい。

「東京商事オフィス機器展示会」について（ご案内）

拝啓　残暑の候、貴社ますますご盛栄のこととお喜び申し上げます。平素は格別のご愛顧を賜り、厚くお礼を申し上げます。

　さて、弊社は創業以来、国内各メーカーの業務用プリンターの代理販売を関東地区を中心に行ってまいりました。昨年からは優良な海外製品をアジア、アメリカ、ヨーロッパから多数取り入れ、国内商品の半額での提供を開始し、大変ご好評を頂いております。

　このたび、弊社では商品ラインナップを一新致しまして、「東京商事オフィス機器展示会」を開催することとなりました。下記の通り、お知らせいたします。

　つきましては、日頃ご愛顧頂いているお客様に、展示会の招待券を送らせて頂きました。

　なにとぞ多数お誘いあわせの上、ご参加いただきますよう、よろしくお願い申し上げます。

➥（　　　　　　　）

➥（　　　　　　）

1．日時　　平成00年9月6日（月）〜9月10日（金）10：00−19：00
2．場所　　東京商事丸の内ショールーム（東京都千代田区丸の内5丁目1−1）

➥（　　　　　　）

　なお、当展示会の招待券とパンフレットを同封させていただきましたので、ご利用ください。

　招待券をご持参の方には粗品をご用意しております。

　同封書類

　　　　「東京商事オフィス機器展示会」招待券　　　　10枚

　　　　「東京商事オフィス機器展示会」パンフレット　10部

以上

漢字の問題

①下線の漢字の読みを（　　）の中にひらがなで書いて下さい。

➡ 「普段」のことを書き言葉で「平素（　　　　　　　　　）」と言い、
季節や時は「候（　　　　　　）」と言う。

②説明を読んで答えて下さい。

➡ 文書の宛先が会社や部署の場合には、「○○おんちゅう（　　　　　　　　）」と
書く。
また、個人（社内文書）の場合は、「○○どの（　　　　　　　）」、多数の個人の
場合は「○○かくい（　　　　　　　　　　）」と書く。

ビジネス文書Ⅱ
（様々なビジネス文書）

映像教材
約19分

❶封筒の書き方

チェック ポイント

①文字は基本的に楷書体で書く。

なぜ？ 読みやすいからです。

○楷書体　　×行書体　　×草書体

②宛先の住所は1行で書く。

ポイント 住所が長くて1行で書けない場合は建物の名前を2行目から書きましょう。
2行目は1行目より1文字分下げて書き始めます。

横浜市中央区本牧町二丁目一番本牧ビル3階

③宛名は封筒の中央に書く。

ポイント① 会社名は改行<small>かいぎょう</small>して、住所の文頭より１文字分下げて、正式名称<small>せいしきめいしょう</small>を書きます。

例 × 「（株）太陽物産」 （略称）

○ 「株式会社　太陽物産」（正式名称）

ポイント② 封筒の中央に他の字よりも大きめに書きます。

ポイント③ 役職<small>やくしょく</small>名は名前の上に小さめに書いて、バランスをとります。

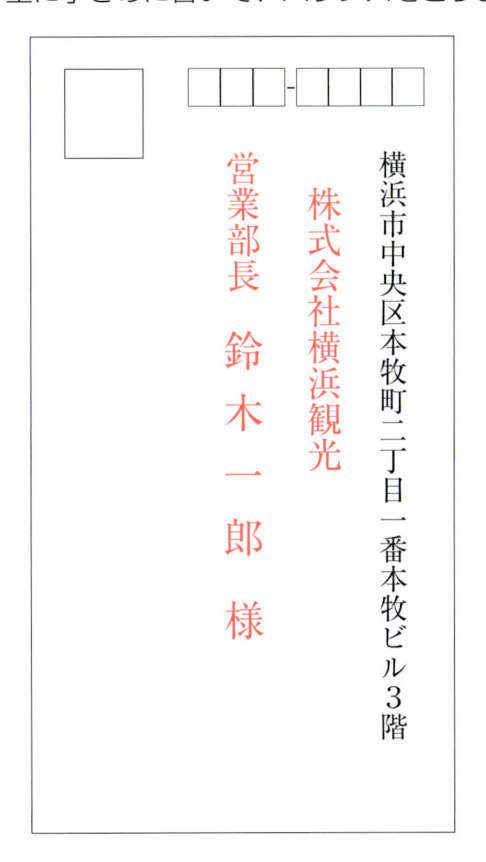

④外脇付<small>そとわきづけ</small>は５文字以内にする。

ポイント① 封筒の中の物や、発信者<small>はっしん</small>の要求<small>ようきゅう</small>等の内容<small>ないよう</small>を書きます。

なぜ？ 封筒を見ただけで内容が分かるようにするためです。

ポイント② 宛名の左下に書き、枠で囲みます。

例 外脇付の種類

書き方	意　味
親展 (しんてん)	受信者自身に封筒を開けて読んでほしい。
写真在中 (ざいちゅう)	写真が入っている。
○○書在中	書類が入っている。
至急 (し きゅう)	急ぎの用件(ようけん)
拝答 (はいとう)	返信(へんしん)

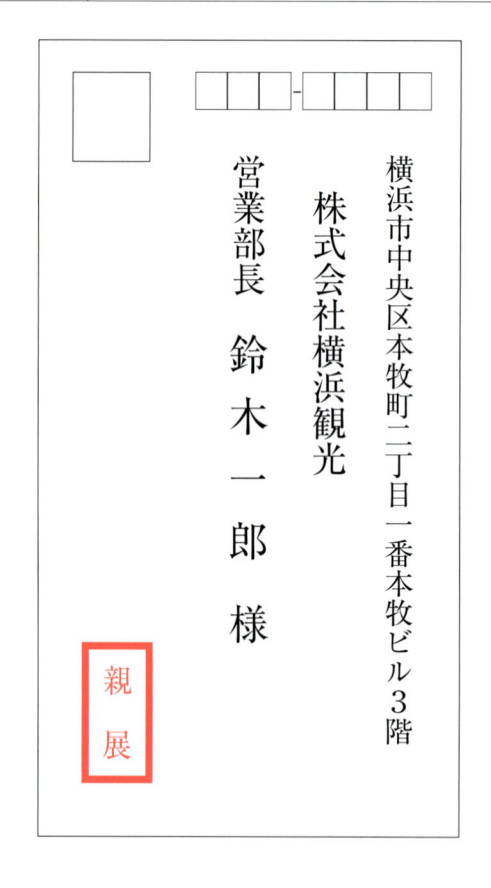

⑤発信者の住所、氏名、発信年月日は封筒の裏側に書く。

ポイント① 縦書きの場合、中心から右側に住所を書き、左側に発信者の会社名と発信者名等を書きます。

ポイント② 封筒の裏面の左側に発信年月日を書きます。

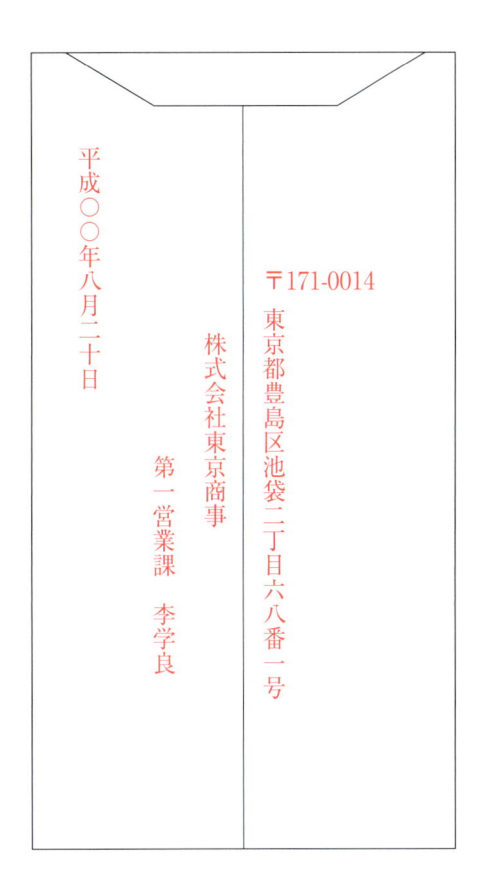

⑥閉じた部分に〆印を書く。

ポイント 封はのりでつけます。セロテープやホチキスで閉じてはいけません。

書き方	使い方
しめ 〆	一番多く使います。 「締」や「封」と漢字で書くこともあります。
かん 緘	じゅうよう 重要な文書を送る時に使います。
ことぶき 寿	お祝いの手紙を送る時に使います。

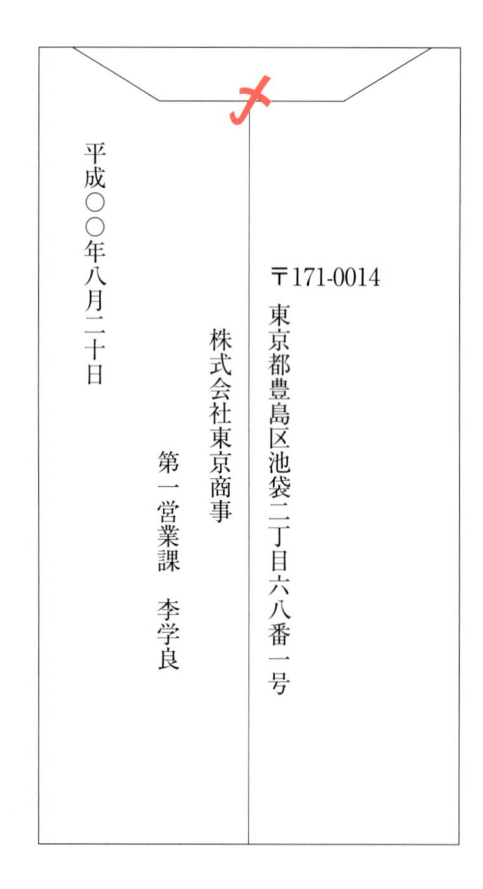

❷はがきの書き方

①はがきは「日頃（ひごろ）の感謝（かんしゃ）の気持ちを伝えたい時」に使う。

なぜ？ Eメールやファックスより、丁寧（ていねい）な印象（いんしょう）を与えるからです。

ポイント 社交文書でよく使います。

②はがきの表面

ポイント 宛先、宛名の書き方は封筒と同じですが、発信者の住所、名前は左下に小さく書きます。

例 はがき（ふりがなはありません。）

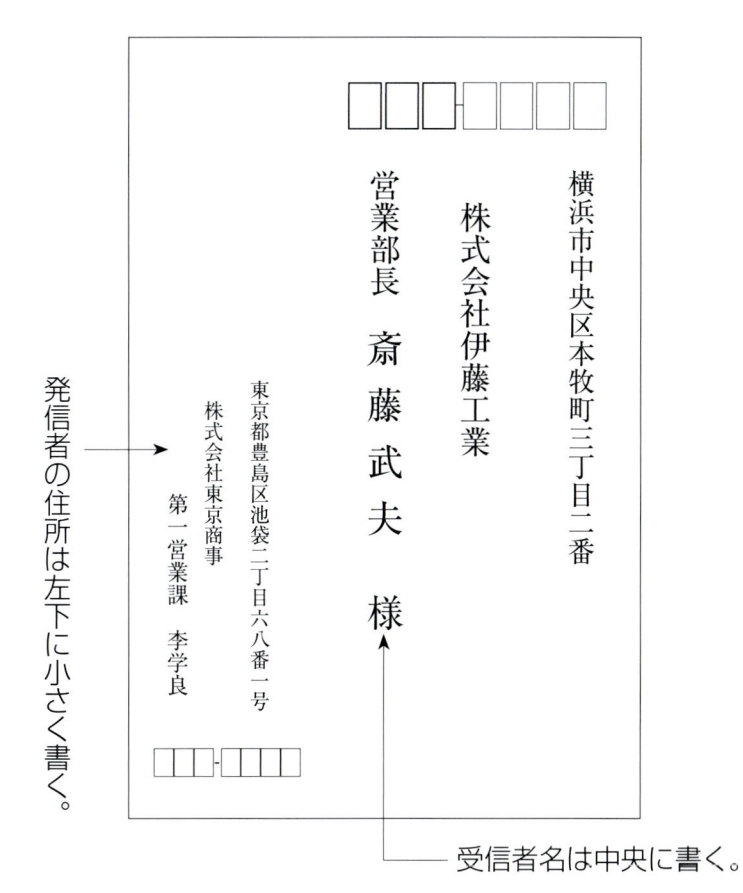

発信者の住所は左下に小さく書く。

横浜市中央区本牧町三丁目二番

株式会社伊藤工業

営業部長　斎藤武夫　様

東京都豊島区池袋二丁目六八番一号

株式会社東京商事

第一営業課　李学良

—— 受信者名は中央に書く。

例②　ハガキの裏面（縦書き）（ふりがなはありません。）

拝啓　時下ますますご清栄のこととお喜び申し上げます。

先日、斎藤様にはご多忙中にも関わらず、お時間を割いて頂き、誠にありがとうございました。

工場の案内をして頂き大変参考になりました。

そればかりではなく、宿泊の手配までお心遣い頂き、大変恐縮いたしております。こちらへお越しになる折には、是非お声を掛けて下さい。

まずは取り急ぎお礼申し上げます。

敬具

例③ ハガキの裏面　儀礼文（横書き）（ふりがなはありません。）

———— 主文の上に件名を書く

本社事務所移転のお知らせ

　拝啓　残暑の候、貴社ますますご清栄のことと
お喜び申し上げます。日ごろは格別のお引き立
てを賜り、厚くお礼申し上げます。

　さて、このたび当社は、本社事務所を下記の
通り、移転することになりましたので、お知ら
せ申し上げます。

　今後とも引き続きご愛顧のほどお願い申し上
げます。

敬具

記

1．移転先住所　〒123-4567

　　　　　　　　東京都豊島区池袋8-1-1

2．電話番号　　03（1234）1122

3．移転日　　　平成 00年 10月 30日（月）

以上

5

❸一筆箋の使い方

いっぴつせん

チェック ポイント

①簡単な用件を伝える場合に一筆箋を使う。

ポイント① 頭語、結語、時候の挨拶は省略します。

ポイント② 用件を１枚にまとめましょう。２枚以上になりそうな場合は便箋を使いましょう。

便箋

ポイント③ 「カタログ等を送る時」や「訪問先で不在の担当者に伝言してもらう時」等に
一筆箋を使います。

ポイント④ 「目上の人や知らない人宛ての手紙」や「お詫び、お礼、お祝いの手紙」は
一筆箋を使ってはいけません。

例

株式会社 横浜観光　営業部長　鈴木一郎様

いつもお世話になっております。

先日ご用命賜りました商品のカタログを早速送らせていただきましたので、ご査収のほど、宜しくお願い申し上げます。

取り急ぎ、ご挨拶まで。

株式会社　東京商事第一営業課　李学良

❹ファックス

チェック ポイント

①ファックスで送ってはいけない文書1.「重要書類・機密書類」

なぜ? 誰でも見ることが出来てしまうからです。

ポイント 直接本人に渡すか、封書（親展）で送りましょう。

例 個人のプライバシーに関係する書類

担当者だけに読んでもらいたい機密書類

②ファックスで送ってはいけない文書2.「大量の文書」

なぜ? 受信者のファックス用紙も大量に使うからです。

ポイント① 緊急の場合以外は、一度に送る枚数を5枚くらいにしましょう。

ポイント② 5枚以上送る場合には、送る前に「ファックスで送っても良いか」電話で
相手に確認をしてから送りましょう。

例 「ファックスの枚数が、合計10枚になるのですが、送ってもよろしいでしょう
か?」

③ファックスで送ってはいけない文書3.「字が小さい、字が薄い書類」

なぜ? ファックスを受けた人が読めない場合があるからです。

ポイント① 封書で送ると良いでしょう。

ポイント② ファックスで送る場合には、相手が読みやすいようにコピーで拡大してから
送りましょう。

④ファックスで送ってはいけない文書4.「社交文書」

なぜ? 気持ちを伝えるために送る物なので、ファックスで送ると、失礼になるから
です。

⑤紙の余白を残す。

なぜ？　受けたファックスの端が切れてしまうことがあるからです。

余白

一営発236号

平成00年8月20日

株式会社太陽物産
営業部第三営業課課長　山田聖一　様

株式会社東京商事
営業部第一営業課課長　佐藤浩

○○の見積書送付のお願い

拝啓　平素は格別のお引立てを賜り、厚くお礼申し上げます。
さて、さっそくですが、下記の貴社取扱品について至急見積書を
ご送付下さいますようお願い申し上げます。
　なお、お手数ですが、○月○日までにお願いいたします。
　以上、取り急ぎご依頼まで。

敬具

記

1　品　　　目　　Ｚ－3000（05型）
2　数　　　量　　10台
3　納　　　期　　9月20日まで
4　支払方法　　手形（60日）
5　運賃諸掛　　貴社負担

以上

余白（左）　　余白（右）

余白

⑥「送信票<ruby>そうしんひょう</ruby>」（送り状）をつけて送る。

なぜ？ 「誰に、何枚送られてきたファックスなのか」を相手がはっきり分かるようにするためです。

例

TEL 03-1234-3333
FAX 03-1234-5555

   株式会社　東京商事

FAX

送付先：　株式会社太陽物産　　　　　発信元：　株式会社東京商事
　　　　　営業部第三営業課課長　　　　　　　　　営業部第一営業課
　　　　　山田聖一 様　　　　　　　　　　　　　　　ヨンイーリン
　　　　　　　　　　　　　　　　　　　　　　　　　ＴＥＬ：03-1234-3333
　　　　　　　　　　　　　　　　　　　　　　　　　ＦＡＸ：03-1234-5555

送付先：	送付枚数：
FAX番号：　　　03-1234-1123	2枚（送信票含む）
送付先：	日付：
電話番号：　　　03-1234-1122	平成00年8月20日

用件：

資料のご送付

□ 至急！　　　□ ご参考まで　　　✔ ご確認下さい　　　□ ご返信下さい　　　□ ご回覧ください

●連絡事項：

いつもお世話になっております。

業務用プリンターの資料をお送りしましたので、ご確認下さい。

よろしくお願い致します。

ポイント① 「送付先」には相手の会社名、部署名、担当者名、ファックス番号を書きます。

なぜ？ 「違う番号に送ってしまった」等のミスがあった時のためです。

ポイント② 「発信元」には自分の会社名、部署名、担当者名、ファックス番号、電話番号を書きます。

なぜ？ 相手が用件に対しての問い合わせができるようにするためです。

ポイント③ 「送付枚数」は、ファックスの枚数（送信票を含めた枚数か、含めない枚数か）を書きます。

なぜ？ 全部受信できたかどうかを確認できるようにするためです。

ポイント④ 「件名」は**内容がすぐに分かるような短い言葉**で書きます。

ポイント⑤ 挨拶文も短い文にしましょう。

なぜ？ ファックスの目的は「相手に早く知らせること」だからです。

例 「いつもお世話になっております。さて、〜」

⑦ファックスを送る前に電話で送ることを伝える。

なぜ？ 確実に相手に届けることができるからです。

例 「これからファックスを送信致しますので、よろしくお願い致します。」

ポイント 送った後は、再度相手に確認の電話をかけましょう。

例 「先程ファックスを送信したのですが、届いていますでしょうか？」

❺Eメール

チェック ポイント

①Eメールのメリット・デメリット

メリット	デメリット
● 相手が都合の良い時間に読むことができる。 ● 送った内容が記録に残る。 ● 返信する時に相手が書いた文を引用できる。 ● 多くの人に同時に送ることができる。	● 重要な内容やお詫びの内容には向いていない。 ● 感情的なトラブルが起こりやすい。 ● 相手がパソコンを使えないと、Eメールでのやりとりが出来ない。

ポイント 契約の文書は封書で、お詫びの文書は封書か手紙で送りましょう。

②ヘッダの書き方

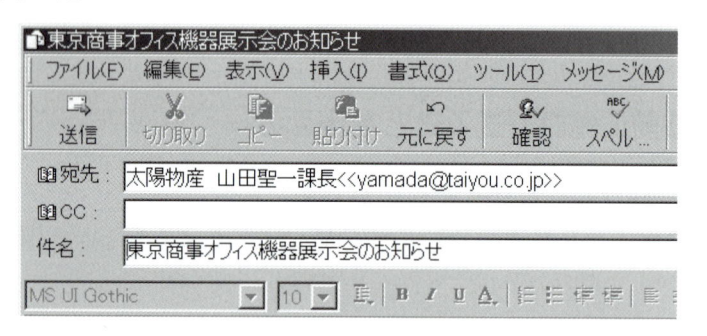

ポイント① 件名以外は自動で入力されます。

ポイント② 件名は見ただけで内容が分かるように具体的にしましょう。

なぜ？① 紙の文書と違って、ファイルを開けないと内容が分からないからです。

例 × 「会議について」
○ 「8月10日の定例会議の延期について」

なぜ？② 検索して探しやすいからです。

ポイント③ 「すぐに読んでもらいたいメール」の件名は（緊急）と書いて、「必ず読んでもらいたいメール」の場合は（重要）と書きましょう。

例 「8月10日の定例会議の延期について（緊急）」

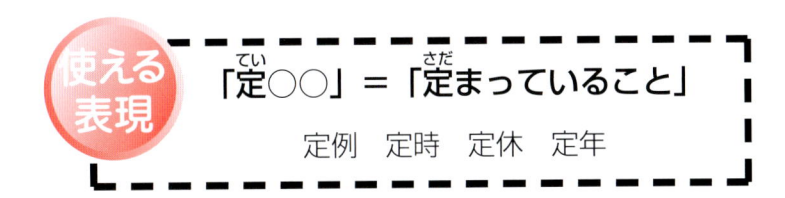

使える表現 「定○○」=「定まっていること」
定例　定時　定休　定年

③本文の書き方

ポイント① 本文の最初に宛名（会社名、部署名、役職、名前）を書きます。

なぜ? そのメールアドレスを複数の人が使っている場合もあるからです。

例

> 株式会社太陽物産
> 営業部第三営業課課長
> 山田聖一　様

ポイント② Eメールの場合は、内容を簡潔(かんけつ)に伝える為、時候の挨拶は省略して書きます。

例① 社外　「いつもお世話になっております。
株式会社東京商事営業部第一営業課の李です。」

例② 社内　「毎日の業務(ぎょうむ)お疲れさまです。第一営業課の李です。」

ポイント③ 「さて」等の言葉を使わずに、用件から書き始めても失礼ではありません。

例 返信メールを書く場合「メールを頂(いただ)きまして、ありがとうございました。」
「メールを拝見致(はいけんいた)しました。」

ポイント④ メールは紙のビジネス文書と違って、最初の一文字を空けずに、段落(だんらく)の間を一行空けて、段落をつけます。

ポイント⑤ 一行の文字数は短かめに、長くても35文字以内にします。

なぜ? 読みやすいからです。

> 株式会社太陽物産
> 営業部第三営業課課長
> 山田聖一　様
>
> いつもお世話になっております。
> 東京商事第一営業課の李です。
>
> 弊社では商品ラインナップを一新致しまして……
> ○○○○○○○○○○○○○○○○○○○○○○○○○○○○○○○○○○○○
>
> （↑35文字）

④メールを返信する時

ポイント① 相手からのメールに返信をする時の件名は書き換えなくて良いです。

なぜ？ 「どのメールへの返信か」相手が分かるからです。

例 相手からのメールの件名　　　「5月10日の定例会議の議題について」

↓

相手に返信するメールの件名　「Re: 5月10日の定例会議の議題について」

ポイント② 引用する時は相手の文章を変えてはいけません。

なぜ？ 失礼だからです。

ポイント③ 引用する文は読みやすくするために、用件に関係ある文だけにして、関係ない文は削除しましょう。

株式会社太陽物産
営業部第三営業課課長
山田聖一　様

いつもお世話になっております。
東京商事第一営業課の李です。

メールを拝見致しました。
＞来月の展示会には行くことができません。
＞次の展示会はいつごろありますか。
11月に行なう予定です。
日時が決まりましたら、またお知らせ致します。

注 意 点

Ⓐ末文の書き方

ポイント① 他のビジネス文書より短く簡潔に書きます。

例 「以上、よろしくお願い致します。」

「では、よろしくお願い致します。」

ポイント② 他のビジネス文書と違って、「記」と「以上」は左側に書きます。

株式会社太陽物産
第三営業課課長
山田聖一　様

いつもお世話になっております。
東京商事第一営業課の李です。

＞来月の展示会には行くことができません。
＞次の展示会はいつごろありますか。
11月に行なう予定です。
日時が決まりましたら、またお知らせ致します。

では、よろしくお願い致します。
以上

Ⓑ署名の書き方

ポイント① 会社名・部署名・氏名・メールアドレス・電話番号・FAX番号を書きます。

なぜ？ メールを受け取った人が、電話やFAXでも返事ができるからです。

ポイント② 社外の人に送るメールには会社の住所と郵便番号も書きましょう。

ポイント③ 署名は5～6行以内で書きましょう。

株式会社太陽物産
第三営業課課長
山田聖一　様

いつもお世話になっております。
東京商事第一営業課の李です。

＞来月の展示会には行くことができません。
＞次の展示会はいつごろありますか。
11月に行なう予定です。
日時が決まりましたら、またお知らせ致します。

では、よろしくお願い致します。
以上

株式会社東京商事　営業部第一営業課　李学良
〒171-0014　東京都豊島区池袋2－68－1
E-MAIL：lixueliang@tokyo.co.jp
ＵＲＬ：http://www.tokyo.co.jp
ＴＥＬ：03-1234-3333
ＦＡＸ：03-1234-5555

5

漢字の一覧

あ行

あいさつ
挨拶
いっぴつせん
一筆箋
あてさき
宛先
いた
致す
いただ
頂く
いんしょう
印象
いんよう
引用
えん き
延期

か行

かい ぎ
会議
かいぎょう
改行
かいしょ
楷書
かくじつ
確実
かくにん
確認
かん
緘
かんけつ
簡潔
かんしゃ
感謝
かんじょう
感情
き ほん
基本
き みつ
機密
ぎょうしょ
行書
ぎょう む
業務
ぎ れいぶん
儀礼文
き ろく
記録
きんきゅう
緊急

ぐ たいてき
具体的
けっ ご
結語
けんさく
検索
けんめい
件名
ことぶき
寿

さ行

ざいちゅう
在中
さきほど
先程
さくじょ
削除
さだ
定まる
し きゅう
至急
じ こう
時候
しめ しめ
〆 （締）
じゅうよう
重要
じゅしん
受信
しょめい
署名
しんてん
親展
せいしきめいしょう
正式名称
せ わ
世話
そうしょ
草書
そうしんひょう
送信票
そう ふ
送付
そとわきづけ
外脇付

た行

たんとう
担当

だんらく
段落
ていねい
丁寧
ていれい
定例
てん じ かい
展示会
とう ご
頭語

な行

ないよう
内容

は行

はいけん
拝見
はいとう
拝答
はっしん
発信
ひ ごろ
日頃
びんせん
便箋
ふうとう
封筒
ぶ しょ
部署
へんしん
返信

ま行

もくてき
目的

や行

やくしょく
役職
ようきゅう
要求

ようけん
用件
よ はく
余白

ら行

れんらく
連絡

わ行

わ
詫び

練習問題

文書の問題

説明を読んで答えて下さい。

これは封筒です。ジョウジマの田中課長に文書を送るために宛先と宛名を書いて下さい。

株式会社 ジョウジマ
販売戦略部

課長　田中　孝弘

〒161-0000
東京都品川区品川10-10-10
TEL（03）3333-3333
FAX（03）3333-8888

漢字の問題

①下線の漢字の読みを（　　）の中にひらがなで書いて下さい。

    ➡ 「毎日の業務（　　　　　　　　　　　）おつかれさまです。」

    「いつもお世話（　　　　　　　　　　　）になっております。」

②下線のひらがなを（　　）の中に漢字で書いて下さい。

    ➡封筒の表には、中に入っている書類を説明する「○○書ざいちゅう（　　　　　　）」

    や、急ぎの用件の場合「しきゅう（　　　　　　　　）」と書く。

練習問題の解答

1. ビジネスマナーの基本

「マナーの問題」①

解答 「行ってきます。」「行ってまいります。」

ポイント 「行ってまいります」の方が丁寧です。

「マナーの問題」②

解答 「最敬礼」

ポイント 謝る時は一番丁寧な最敬礼をすると、謝っている気持ちが伝わります。

「マナーの問題」③

解答

予定表		
名前	帰着時間	行き先
佐藤		
中川		
李	4：00	太陽物産
ヨン		

ポイント 帰着時間の書き方は「午後4時」や「16：00」でもいいです。

「漢字の問題」①

解答 会社には遅刻（ ちこく ）しないだけでなく、始業（ しぎょう ）時間の10分以上前には出社（ しゅっしゃ ）して、仕事の準備をしましょう。

「漢字の問題」②

解答 上司から仕事のしじ（ 指示 ）を受けたら、その内容をかくにん（ 確認 ）するために復唱する。

解答 会社の中でお金に関係する仕事をしているぶしょ（ 部署 ）はけいり（ 経理 ）で、会社全体に関係する事務をするのはそうむ（ 総務 ）です。

2. 敬語Ⅰ(敬語の基本)

「マナーの問題」①

> 解答　「東京商事の李学良と**申します。**」
> 「当社（弊社）は豊島区に**ございます。**」

「マナーの問題」②

> 解答　「言う」の尊敬語　（　　おっしゃる　　）（　　言われる　　）

> 解答　「伝える」の謙譲語（　　お伝えする　　）
> 「伝言する」の謙譲語（　　伝言致す　　）

> ポイント　「和語」と「漢語」の違いが重要です。

「漢字の問題」①

> 解答　「見る」の謙譲語は「拝見（　　はいけん　　）する」と言い、「与える」の
> 謙譲語は「進呈（　　しんてい　　）する」と言う。

「漢字の問題」②

> 解答　「行く」の謙譲語は「うかが（　伺　）う」または、「まい（　参　）る」
> と言う。

3. 敬語Ⅱ(敬語の使い方)

「マナーの問題」①

解答　「ご意見」「お礼」「お時間」「ご参加」「お電話」「お急ぎ」

ポイント　「お」は和語に、「ご」は漢語につくことが基本ですが、例外もあります。この中では「時間」と「電話」が例外です。

「マナーの問題」②

解答　「あいにく（ではございますが）」

「漢字の問題」①

解答　「売る」よりも「販売（はんばい）する」の方が丁寧で、「知らせる」よりも「通知（つうち）する」の方が丁寧だ。

「漢字の問題」②

解答　「さっき」よりも「さきほど（先程）」の方が丁寧で、「この前」よりも「せんじつ（先日）」の方が丁寧だ。

ポイント　同じ「先○○」でも、「さき」と「せん」の二つの読み方があります。

4.ビジネス文書Ⅰ（ビジネス文書の書き方）

「文書の問題」①

拝啓　残暑の候、貴社ますますご盛栄のこととお喜び申し上げます。平素は格別のご愛顧を賜り、厚くお礼を申し上げます。

　さて、弊社は創業以来、国内各メーカーの業務用プリンターの代理販売を関東地区を中心に行ってまいりました。昨年からは優良な海外製品をアジア、アメリカ、ヨーロッパから多数取り入れ、国内商品の半額での提供を開始し、大変ご好評を頂いております。

　このたび、弊社では商品ラインナップを一新致しまして、「東京商事オフィス機器展示会」を開催することとなりました。下記の通り、お知らせいたします。

　つきましては、日頃ご愛顧頂いているお客様に、このたびの展示会の招待券をお送りさせて頂きました。

　なにとぞ多数お誘いあわせの上、ご参加いただきますよう、よろしくお願い申し上げます。

解答（　敬具　）

解答（　記　）

1. 日時　　　　平成00年9月6日（月）〜9月10日（金）10：00-19：00
2. 場所　　　　東京商事丸の内ショールーム　（東京都千代田区丸の内5丁目1-1）

解答（　追記　）

なお、当展示会の招待券とパンフレットを同封させていただきましたので、ご利用ください。招待券をご持参の方には粗品をご用意しております。

「漢字の問題」①

解答「普段」のことを書き言葉で「平素（　**へいそ**　）」と言い、季節や時は「候（　**こう**　）」と言う。

「漢字の問題」②

解答文書の宛先が会社や部署の場合には、「〇〇おんちゅう（　**御中**　）」と書く。また、個人（社内文書）の場合は、「〇〇どの（　**殿**　）」、多数の個人の場合は「〇〇かくい（　**各位**　）」と書く。

5.ビジネス文書Ⅱ(様々なビジネス文書)

「マナーの問題」

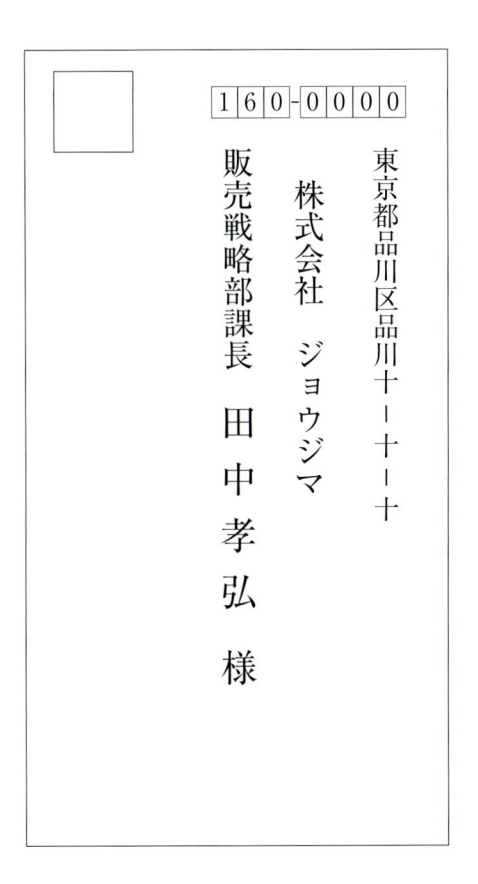

「漢字の問題」①

解答 「毎日の業務（　　　ぎょうむ　　　）おつかれさまです。」
「いつもお世話（　　　せわ　　　）になっております。」

「漢字の問題」②

解答 封筒の表には、中に入っている書類を説明する「○○書ざいちゅう（　在中　）」
や、急ぎの用件を表す「しきゅう（　至急　）」と書く。

映像教材の台詞(せりふ)

1. ビジネスマナーの基本

解説	：日本企業の中で日本語を使って仕事をする外国の方が増えてきています。しかし、日本語で日常会話はできるのに、ビジネス会話は難しいという声をよく聞きます。これは日本語でビジネスをする時に、日本独特の習慣やビジネスマナー、敬語の使い方等、多くのことを学ばなくてはならないからです。ここは東京商事の第一営業課です。営業という仕事は、物やサービスを売る仕事です。この会社では、主に業務用プリンターを企業向けに販売しています。
李	：おはようございます。
解説	：東京商事第一営業課の若手社員、李さん。入社２年目です。日本の大学を卒業して、去年からこの会社で働いています。
ヨン	：おはようございます。
解説	：こちらは新入社員のヨンさん。今日この会社に入社したばかりです。李さんの後輩です。
佐藤課長	：おはよう。
解説	：この人は佐藤課長。李さんとヨンさんの上司です。これから、東京の会社、東京商事で働く２人の外国人社員、李さんとヨンさんの働く姿を見ながら、日本のビジネスマナーやビジネス会話を学んでいきます。まず、自己紹介の仕方から学習を始めましょう。

❶自己紹介

佐藤課長	：おはようございます。
社員	：おはようございます。
佐藤課長	：今日から第一営業課に新しい仲間が配属になりました。ヨンさん、自己紹介をお願いします。
ヨン	：はーい、ヨンでーす。どうぞよろしくー。
解説	：ヨンさんの自己紹介にみんな驚いてしまったようですね。ビジネスにふさわしい自己紹介の仕方を身につけましょう。

解説	：初めて会った時には「はじめまして」と言うのが基本です。
ヨン	：はじめまして。
李	：改めまして。紹介が遅れて、失礼致しました。
解説	：これは、既に会ったことがあるのに、まだ自己紹介をしていなかった相手への挨拶です。名前を名乗るときには、「○○と申します」と言います。必ずフルネームで言いましょう。
ヨン	：ヨン・イーリンと申します。
解説	：「○○と呼んで下さい」と、自分の呼び方を相手に伝えましょう。
ヨン	：ヨンと呼んで下さい。
解説	：読み方が分かりにくい名前、長くて覚えにくい名前の場合は、相手に何と呼んでもらうか、自分の呼び方を知らせるほうが良いでしょう。例えば、ジョシアーラ・リマ・デ・オリヴェイラさんの場合、「ジョシアーラ・リマ・デ・オリヴェイラと申します。ジョシアーラと呼んで下さい。」このように、「○○と呼んで下さい」と、自分の名前の呼び方を相手に伝えた方が親切です。
ヨン	：よろしくお願い致します。どうぞよろしくお願い致します。
解説	：最後に、このように言います。
ヨン	：どうぞよろしく。
解説	：「どうぞよろしく」は目下の人に使う省略した形です。初めて会う相手には、省略せずに言った方が良いでしょう。他の言い方もありますので、見てみましょう。
李	：よろしくご指導下さい。ご指導のほど、よろしくお願い致します。
解説	：「○○のほど、よろしくお願い致します」は自己紹介だけでなく、色々な場面で応用できます。非常に便利な挨拶ですので、ぜひ覚えておきましょう。社内での自己紹介でよく使われる挨拶の例を見てみましょう。
ヨン	：本日からこちらに配属になりましたヨンと申します。分からないことも多いと思いますが、ご指導のほど、よろしくお願い致します。
解説	：それでは、良い自己紹介の例を見て、今学習したことを確認しましょう。
佐藤課長	：今日から新しい仲間が増えます。第一営業課に配属になった、ヨンさんです。ヨンさん、自己紹介をお願いします。
ヨン	：はじめまして。本日からこちらに配属になりましたヨン・イーリンと申し

	ます。ヨンと呼んで下さい。ご指導のほど、よろしくお願い致します。
解説	：次に、他の様々な場面の自己紹介の応用例を学びましょう。
李	：はじめまして。今後、御社を担当させて頂きます李と申します。よろしくお願い致します。
解説	：電話では何度も話しているのに、会うのが初めてという相手にはこのように挨拶をします。
李	：いつもお電話ばかりで大変失礼しております。
李	：はじめまして。東京商事第一営業課の李と申します。この度は御社の鈴木様のご紹介で参りました。よろしくお願い致します。

❷服装とエチケット

解説	：あなたの第一印象は、挨拶や服装、表情、姿勢等の外見で決まります。「初めて会ってから10秒から1分ぐらいの間に感じる印象」が第一印象です。第一印象の55％が外見の印象です。声の質やトーン、大きさ、話し方等の音声の印象が38％、話の内容の印象が7％だと言われています。人はまず外見から相手を判断します。
李	：はじめまして。
解説	：服装や身だしなみがだらしない人は仕事の能力も疑われてしまいます。

服装の基準は業種や会社によって違いがあります。また、会社の規則で服装が決まっている場合もあります。

ここではビジネスにおける最も一般的な服装を紹介します。参考にして下さい。髪の毛は清潔にしましょう。何日も髪を洗わなかったり、ふけが肩に落ちていたりするのは、相手に不快感を与えます。無精ひげも相手に悪い印象を与えます。注意しましょう。スーツの色は黒、グレー、紺が一般的です。上着やズボンはしわがないようにアイロンをいつもかけておいて下さい。ワイシャツの基本は白です。派手な色や柄が入っているものは着ない方がいいでしょう。襟や袖口が汚れていると、だらしないので、注意しましょう。ネクタイは色が派手過ぎたり、柄がたくさん入っているものは避けた方がいいでしょう。結び目が曲がらないようにきれいに結びましょう。ベルト・靴はスーツの色に合わせて、黒か紺がいいでしょう。ビジネスかばんの色は黒が基本です。次は女性の服装を見てみましょう。女

性の場合も清潔が第一です。長い髪の人は仕事の邪魔にならないように、髪を束ねて、すっきりとまとめましょう。自分の顔に合ったメイクをしましょう。バランスの良いメイクが上品な印象を与えます。派手なアクセサリーや時計はつけないで下さい。私服の場合には、ビジネスの場にふさわしいものを選びましょう。爪は短く、マニキュアは自然な色にして下さい。ストッキングの伝染に注意して下さい。ヒールの高すぎる靴は動きにくいので、3センチくらいのローヒールがベストです。カバンの色は黒が基本です。また、お客様に会うことが多い人は歯ブラシやマウスウォッシュを携帯して、食後に使うといいでしょう。

❸挨拶とお辞儀

解説 ：挨拶はビジネスの基本です。良い印象を与える挨拶について学習しましょう。挨拶には基本ルールがあります。よそ見していたり、見ている相手がはっきりしていなかったら、誰に挨拶をしているのか分かりません。

李 ：いらっしゃいませ。

解説 ：まずは、相手の目をきちんと見て、目と目が合ったら挨拶をします。

李 ：いらっしゃいませ。

解説 ：自分が知らない人であっても、会社にとっては大変重要なお客様の場合があります。知っている人だけでなく、知らない人に対しても、自分から先に挨拶をするように心がけましょう。

ヨン ：いらっしゃいませ。

客 ：こんにちは。

李 ：おはようございます。

佐藤課長 ：おはよう。

解説 ：はっきり聞こえない挨拶は、反対に悪い印象を与えてしまいます。挨拶の時はゆっくり、はっきりと発音しましょう。

李 ：おはようございます。

佐藤課長 ：おはよう。

解説 ：お辞儀は挨拶の時の基本動作です。椅子に座ったまま挨拶してはいけません。お辞儀は4種類あります。体を深く曲げた方がより丁寧なお辞儀になるので、場面に応じてお辞儀を使い分けましょう。廊下ですれ違う時にす

る軽いお辞儀は会釈といいます。会釈は背筋を伸ばして、腰より上を15度前に傾け、つま先から3メートル先を見ます。時計が6時を少し過ぎた形です。男性は両手の指先をそろえて、両脇に軽くつけます。女性は手を腿の前でそろえます。

ヨン　：少々お待ち下さい。

李　　：かしこまりました。

解説　：最も一般的なお辞儀が普通礼です。腰から上を30度前に傾け、つま先から1.5メートル先を見ます。時計が6時5分を指す形です。

李　　：いらっしゃいませ。

ヨン　：失礼致します。

解説　：お礼を言う時や謝る時は丁寧礼をします。腰から上を60度傾け、つま先から50センチ前を見ます。時計が6時10分を指す形です。

李　　：申し訳ございません。

ヨン　：ありがとうございました。

解説　：腰から上を90度傾けるお辞儀を最敬礼と言います。日常あまり使いませんが、大失敗をして謝る場合や、大変お世話になった人にお礼を言う場合には、この礼をすると良いでしょう。

李　　：大変申し訳ございませんでした。

ヨン　：誠にありがとうございました。

解説　：それでは、次にビジネスでよく使われる挨拶の言葉を確認しましょう。出社した時には、「おはようございます」と挨拶します。「おはよう」は親しい同僚や、目下の人にしか使えない省略表現です。

ヨン　：おはようございます。

李　　：おはようございます。

解説　：「おつかれさまです」は仕事の疲れをねぎらう言葉です。仕事中に社内の人に会った時に言います。仕事が終わって、家に帰る社内の人に挨拶する時にも、「おつかれさまです」または、「おつかれさまでした」と言います。

ヨン　：お先に失礼します。

李　　：おつかれさまでした。

解説　：ここで気をつけて欲しいのは、よく似た表現、「おつかれさまです」と「ご

	くろうさまです」の違いです。
佐藤課長	：李くん。
李	：はい。
佐藤課長	：私はちょっと用があって、先に帰るから、よろしく頼むね。
李	：はい。ごくろうさまでした。
佐藤課長	：ん？
李	：あれ、どうしましたか？
解説	：「ごくろうさま」は「おつかれさま」と同じように使いますが、「ごくろうさま」は目上の人が目下の人に言う言葉なので、部下の李さんから上司の佐藤課長に言ってはいけない言葉なのです。それに対して、「おつかれさま」は目上の人にも目下の人にも使える言葉です。このような場合には「おつかれさまです」を普段から使うようにしましょう
佐藤課長	：ということだ。
李	：そうでしたか。知りませんでした。すみません。
佐藤課長	：いや、いいんだ。それでは、私は帰るからね。
李	：はい、おつかれさまでした。
解説	：外出する時には「いってまいります」、外出する人には「いってらっしゃい」と挨拶します。
李	：いってまいります。
社員	：いってらっしゃい。
解説	：部屋に入る時は「失礼します」、部屋を出る時は「失礼しました」と言います。
ヨン	：失礼します。課長。
佐藤課長	：ありがとう。
ヨン	：失礼しました。
解説	：外出から戻った時には「ただいま戻りました」、外出から戻った人へは「お帰りなさい」と挨拶します。
李	：ただいま戻りました。
ヨン	：お帰りなさい。
解説	：名前を呼ばれたら、「はい」と返事をします。
佐藤課長	：李くん。

李	：はい。
佐藤課長	：李くん。
李	：うん？
解説	：「うん」はビジネスでは使ってはいけません。
李	：はい、分かりました。はい、かしこまりました。
解説	：仕事を終えて、帰る時には「お先に失礼します」と挨拶します。
李	：お先に失礼します。
ヨン	：おつかれさまでした。

❹基本的なビジネスマナー

解説	：ここでは、皆さんが覚えておかなければならない基本的なビジネスマナーを学習します。始業時刻とは「仕事を開始する時刻」という意味です。ですから、その時刻の前に出社して、制服に着替えたり、仕事に必要な書類をそろえたり等、その日の仕事の準備をしなければなりません。遅くとも15分から30分前には出社しましょう。8時45分に来て、お茶の準備をして、テーブルをふき、9時前に席に着くヨンさん。
佐藤課長	：え、確かに。はい、納期の変更ですね。分かりました。李くん、あれ？ヨンさん、李くんはどこ行った？
ヨン	：いえ、知りません。
佐藤課長	：弱ったなぁ。どこへ行ったんだ、李くんは。
解説	：外出したり、社内で席を外す時は、室内の掲示板に行き先や戻る時間を書くか、上司や同僚に行き先や戻る時間を告げてから席を外します。これを習慣にしないと、急な連絡に対応できません。席を外す時には必ず周りの人に行き先を告げるように習慣づけて下さい。
李	：資料室に行って、過去の取引データを調べてきます。30分くらいで戻ります。
ヨン	：分かりました。
佐藤課長	：はい、納期の変更ですね。分かりました。李くん、あれ？ ヨンさん、李くんはどこへ行った？
ヨン	：資料室に行って過去の取引データを調べてくるそうです。30分くらいで戻ります。

佐藤課長	：あ、そう。分かった。
解説	：始業時刻は仕事を始める時間でした。終業時刻は仕事が終わる時間です。終業時刻までは仕事を続けましょう。
ヨン	：李さん、お先に失礼します。
李	：おつかれさまでした。
ヨン	：あっもしもし、ひさしぶりー。あのさー、今度さー、いっしょにさ、温泉とかに旅行に行かない？
解説	：会社の電話やコピー機などは、仕事のためのものです。プライベートの用事のために使ってはいけません。また、友達に電話したりする場合には、自分の携帯電話を使って休み時間に電話しましょう。会社の中には社外の人も出入りします。関係者以外に見せてはいけない書類もあります。そのようなデータを入力している時は、他の人に見られないように、注意しなければなりません。重要な書類を作成している時に席を外す場合は、一度書類を閉じましょう。

❺指示命令の受け方

解説	：仕事の出発点である、上司からの指示命令。ここでは、指示命令を受ける時の基本を学習します。
佐藤課長	：李くん、ちょっとこっちに来てくれるかな。
李	：はい。
解説	：上司に呼ばれたら返事をして、すぐにメモを持って上司のところへ行きます。メモがないと、後で指示の内容を間違えたりして、トラブルの元になります。聞き間違いや勘違いなどのミスを防ぐために、指示命令の内容が簡単でも、必ずメモをとることを習慣にしましょう。メモを書く時は、日本語と自分の国の言葉、どちらを使っても構いません。後で見直した時に分かるように、丁寧に書きましょう。メモを取る時は５W３Hが重要です。５W３Hとはいつ、どこで、だれが・何を・なぜ、どのように、いくら、いくつのことです。情報は正しく伝えられなければ、誤解が生まれ、トラブルの原因になります。５W３Hは全ての情報伝達の基本です。情報をいつも正確に理解し、正確に伝えるようにしましょう。メモを取る時、発言する時はできる限り明確な表現を使うことで、伝達ミスを少なくすること

ができます。いくつか、例を見てみましょう。「数人」「数十人」「数年」等の言い方は、「12、3人」「5、60人」「3、4年」のように具体的な数字を出すようにします。「週の半ば」は「5月18日の水曜日」というように、はっきりとした日時にします。このように、あいまいな表現をなるべく使わないようにすることが重要です。最後に指示の内容を確認します。受けた指示等を確認するため、その内容を繰り返して言うことを「復唱」と言います。

佐藤課長 ：5月10日までに、この計画書を完成させて欲しいんだ。

李 ：分かりました。5月10日、今週の水曜日ですね。

解説 ：5W3Hを正確に理解するために、復唱は非常に重要なことなので、必ずしましょう。特に外国語は聞き間違いや誤解が必ずあるので、復唱は大変重要なことです。また、指示の内容がよく分からなかったり、聞き取れなかったら、質問して、もう一度相手の言葉を確認し、内容を確実に理解しましょう。

李 ：課長、すみません。一つ確認したいのですが。「ねんじはんばいけいかく」というのがちょっと分からなかったのですが。

佐藤課長 ：「今年の販売の計画」ということだよ。

李 ：分かりました。ありがとうございます。

解説 ：これまで、ビジネスマナーの基本を学習してきました。みなさんが基本的なビジネスマナーを身につけているかどうかで、上司や同僚、お客様からの評価が変わってきます。ビジネスマナーを身につけることは、周囲の人との信頼関係を築く第一歩です。信頼関係ができると、仕事がより上手くいくようになって、仕事がますます面白くなっていきます。みなさん、がんばって下さい。

2. 敬語Ⅰ(敬語の基本)

解説　　　：言葉は社会を映す鏡と言われています。日本企業で使われる言葉を深いレベルで理解するためには、文法や単語だけでなく、社会と言葉の関係を理解することがとても重要です。日本の社会と日本語の関係の中で最も特徴的なものが敬語です。日本語の中で敬語はもっとも難しいものの一つです。そして、敬語は日本企業で働く時に最初に覚えなければならない基本的なことでもあります。皆さんの中にも「敬語が苦手だ」と思っている人がいるのではないでしょうか。でも、大丈夫です。敬語にもルールがありますから、そのルールを覚えて使っていれば、必ず敬語で会話ができるようになります。では、学習を始めましょう。

❶敬語を使う理由

解説　　　：まず、なぜ敬語を使うのでしょうか。

李　　　　：先日の会議の報告書が完成しましたので、ご確認下さい。

佐藤課長　：はい、ありがとう。

李　　　　：いかがですか？

佐藤課長　：そうだねぇ。

解説　　　：最も基本的な理由は、相手に尊敬の気持ちを表すということです。尊敬を表す相手は主に年齢や役職が上の目上の人等です。社内では上司、先輩が目上の人です。

ヨン　　　：こちらで少々お待ち下さい。

解説　　　：取引先の社員やお客様等、社外の人に対しても敬語を使います。普段は敬語を使わずに話す親しい関係でも、社外の人といる時や、大きな会議の時等は丁寧な言葉で話すほうが良いでしょう。

李　　　　：ヨンさん、資料をお配りして下さい。

ヨン　　　：はい、分かりました。

佐藤課長　：今日はうちの新人を連れてまいりました。

山田課長　：そうですか。佐藤さん。

李　　　　：東京商事第一営業課の李学良と申します。よろしくお願い致します。

社員　　　：よろしくお願いします。

解説　　　：相手と初めて会った時は、どんな相手にも必ず敬語を使います。友達と話しているような言葉で話すと、相手に失礼です。

❷敬語の種類

解説　　　：敬語は３種類あります。丁寧語、尊敬語、謙譲語、この３つです。これから一つ一つ説明をしていきます。丁寧語は「丁寧な言葉」という意味で、言葉を丁寧にすることで相手に対して尊敬を表すことができます。丁寧語はビジネス日本語の基本です。いくつか、例を見てみましょう。「あの方が社長だ。」「あの方が社長です。」文の終わりの「だ」を「です」にして、丁寧に言い表します。「会議室はこのビルの６階にある。」「会議室はこのビルの６階にあります。」「昨日、商品が入荷した。」「昨日、商品が入荷しました。」文の終わりを「ます」や「ました」に変えると、丁寧になります。「です」を「でございます」に変えると、更に丁寧になります。「私がこのプロジェクトの担当者です。」「私がこのプロジェクトの担当者でございます。」同じように、「あります」も「ございます」に換えると、更に丁寧になります。「会議室はこのビルの６階にあります。」「会議室はこのビルの６階にございます。」話題の相手を自分より上に置くことで相手の存在を高める言葉を尊敬語と言います。尊敬語は相手や相手の行動に使います。「社長はもう帰りました。」「社長はもうお帰りになりました。」このように、「帰ります」から「ます」を取って、「帰り」に「お○○になる」をつけて、尊敬語にします。「お客様が待っています。」「お客様がお待ちです。」動詞の「待って」の形を「待ち」に換え、「お○○です」をつけて、尊敬語にします。「課長はいつ来ますか？」「課長はいつ来られますか？」。「来ます」を「来られます」と、受身の形に換えます。「課長が言った件について、報告書を作成しましたので、見て下さい。」「課長がおっしゃった件について、報告書を作成しましたので、ご覧下さい。」普通の動詞を尊敬の動詞に換えて、相手の行動に尊敬を表す方法です。また、名詞の場合、「お名前」「ご理解」のように、「お」や「ご」をつけて、尊敬を表します。自分を相手より下に置くことで相手を高める言葉、これが謙譲語です。尊敬語とは別の方法で相手を高めていますね。謙譲語は自分や自分の行動について使います。「その書類、私が持ちます。」「その書類、私がお持ちし

ます。」「持ちます」から「ます」を取って、「お○○する」をつけます。「先日、太陽物産の山田課長に会いました。」「先日、太陽物産の山田課長にお目にかかりました。」。「私が代わりにお客様のお話を聞いてきます。」「私が代わりにお客様のお話を伺ってきます。」普通の動詞を謙譲の動詞に換えて、自分の行動を下げることで相手への尊敬を表す方法です。最初に「丁寧語はビジネス日本語の基本です」と言いました。尊敬語も、謙譲語も丁寧語の「です・ます」と一緒に使います。この文を見て下さい。「私がこのプロジェクトを担当致します。」「致します」の部分に注目して下さい。「致す」は「する」の謙譲語です。「私がこのプロジェクトを担当致す。」これでは、敬語にはなりません。むしろ失礼な文になってしまいます。「私がこのプロジェクトを担当致します。」。「する」の謙譲語「致す」に、「ます」をつけて、正しい敬語になります。尊敬語、謙譲語は「です・ます」と一緒に使って、敬語になると覚えて下さい。

❸ビジネス敬語の基本ルール

解説	：ビジネスにおいて、敬語はどんな人に使うのでしょうか？ ここでは、ビジネスの場面における敬語の基本ルールを説明します。ビジネスでは様々な人と出会います。しかし、敬語を必ず使わなくてはならない場面は決まっています。ビジネス敬語の３つのルールを説明します。お客様や取引先の社員等、社外の人には相手が自分より年上でも年下でも、必ず敬語を使います。社内の場合、上司と先輩には、必ず敬語を使います。同僚にも、会議中等の時には丁寧な言葉づかいをしましょう。会社に自分より年下の先輩や上司がいる場合も、敬語を使うと良いでしょう。ビジネスでは年齢よりも役職や立場が重要です。次の会話をちょっと見てみましょう。
山田課長	：私ね、よくこっちに行くんですよ。
李	：山田課長は釣りがお好きなんですか？
山田課長	：ええ、毎週日曜日は必ず行くんですよ。
李	：佐藤課長もとても釣りがお好きでいらっしゃるんですよ。
解説	：今の李さんの言葉づかいには間違いがあります。さて、どこでしょうか？　1.社外の人、お客様に対しては常に敬語を使う。2.社内の上司、先輩に対しては敬語を使う。皆さんは、この二つを既に学習しました。

李	：山田課長は釣りがお好きなんですか？
解説	：李さんはお客様の山田課長を「山田課長」と役職名をつけて呼びました。名前の後に役職名をつけて呼ぶと、尊敬表現になります。また、「好き」に「お」をつけて「お好き」と言っています。これも敬語です。ここまではお客様に正しい敬語を使っています。
李	：佐藤課長もとても釣りがお好きでいらっしゃるんですよ。
解説	：上司の佐藤課長に、李さんは尊敬語を使いました。社外の山田課長と話している時に、社内の佐藤課長にも尊敬語を使ってしまいました。ここが間違いでした。社外の人と話す時には社内の人に尊敬語を使わないことが敬語のルールの一つです。李さんと佐藤課長は同じ会社で働いています。この場合、社外からのお客様、太陽物産の山田課長に対しては尊敬語を使い、社内の佐藤課長のことを話す時には、尊敬語を使ってはいけません。社外の人と話す場合、「佐藤課長」が上司でも、「課長」を取って、「佐藤」と呼びすてにします。「お好き」ではなく、「お」を取って、「好き」と言います。「佐藤もとても釣りが好きなんですよ。」と言うのが正しい表現です。山田課長に尊敬語を使い、佐藤課長に尊敬語を使わないことで山田課長に対する尊敬の気持ちがより伝わります。
山田課長	：私ね、よくこっちに行くんですよ。
李	：山田課長は釣りがお好きなんですか？
山田課長	：ええ、毎週日曜日は必ず行くんですよ。
李	：佐藤もとても釣りが好きなんですよ。
山田課長	：そうでしたか。それは初めて聞きました。
李	：じゃあ、今度3人でいかがですか？
山田課長	：ぜひ喜んで。
李	：はい。
解説	：ここで、もう一つ例を挙げましょう。次の場面を李さんの言葉に注意して、よく見て下さい。
李	：はい、東京商事第一営業課、李でございます。
山田課長	：太陽物産の山田と申します。先日はありがとうございました。
李	：こちらこそ、ありがとうございました。
山田課長	：佐藤課長はいらっしゃいますか？

李 ：申し訳ございません。佐藤はあいにく外出しております。

山田課長 ：そうですか。では、またこちらからお電話致します。

李 ：恐れいります。よろしくお願い致します。

山田課長 ：それでは、失礼致します。

李 ：失礼致します。

佐藤課長 ：ただいま。おつかれさま。

李 ：お帰りなさい。佐藤課長、課長が戻られる前に太陽物産の山田課長からお電話がありました。

佐藤課長 ：そう、ありがとう。

解説 ：今の会話を聞いて、皆さん気づいたでしょうか？

李 ：申し訳ございません。佐藤はあいにく外出しております。

解説 ：社外の山田課長に対しては、自分の上司である佐藤課長を「佐藤」と呼び捨てにしています。また、「外出しております。」と、佐藤課長の行動に対して謙譲語を使い、山田課長に対して尊敬を示しています。しかし、席を外していた佐藤課長が戻ってきた時、李さんは

李 ：佐藤課長、課長が戻られる前に、太陽物産の山田課長からお電話がありました。

解説 ：「佐藤課長」と、役職名をつけて佐藤課長を呼び、「課長が戻られる前に」「お電話がありました」と尊敬語や丁寧語を使って会話しています。今の例は、日本語の敬語の特徴を表しています。会社というグループ内では、上司である佐藤課長に尊敬語を使い、グループ外の山田課長が現われると、グループ内の尊敬の対象が消えてしまうのです。このように、日本語は同じ人でも、相手との関係によって敬語の使い方を変えるのです。例えば、社内で課長と話す時には「課長がおっしゃっています。」、社外の人、お客様と話す時には「課長が申しています。」、このように使い分けています。この他にも、グループの内側と外側で別の言い方をする言葉があります。ビジネスでよく使うものをいくつか挙げます。いっしょに見てみましょう。李さんが山田課長に自分の会社、東京商事のことを言う時は「弊社」。李さんが山田課長に山田課長の会社、太陽物産のことを言うときは「御社」。このように、誰に、誰のことを話すのかで、言葉が変化します。内と外の関係の中で、言葉が変化しているのです。

解説　：敬語や言葉づかいが難しいというのは、外国人ばかりでなく、日本人から
　　　もよく言われます。それは相手の立場や自分との関係を考えながら、その
　　　関係に合った正しい言葉を使わなければならないからです。どんな場合に、
　　　どの相手に、どのような表現を使えば良いのか、最初はすぐに話せないか
　　　もしれません。間違った敬語の使い方をして、恥をかくことは日本人でも
　　　あります。しかし、それよりも、どこが悪かったのか、どう直せば良いの
　　　か、自分で理解する力を身につけることの方が重要です。お客様に緊張し
　　　て、尊敬語と謙譲語を間違える場合と、誰にでも友達と話す時のような言
　　　葉づかいをする場合では、全く違います。ここまで敬語の基本について勉
　　　強してきました。次の巻では、敬語をはじめとするビジネス言葉の例を学
　　　習していきます。皆さん、引き続きがんばって下さい。

3. 敬語Ⅱ（敬語の使い方）

解説 ：「習うより、慣れろ」という言葉があります。皆さんは聞いたことがありますか？ 例えば、車の運転は、車の本を読んで習うだけでは上手くなりません。車を運転して、慣れることで上手くなっていきます。日本語の勉強も同じです。正しい言葉づかいで、何度も繰り返して話しているうちに、それが習慣になり、自然に会話ができるようになっていきます。敬語の基本ルールについて、皆さんは既に勉強しました。後は「習うより、慣れろ」です。これから、敬語を中心にビジネスの場面でよく起こる言葉づかいの間違いを見ていきます。どこが間違いか、どのように言い直したらいいのかを考えながら、正しい言葉づかいを勉強していきましょう。

❶丁寧な言葉

ヨン ：東京商事第一営業課のヨンと申します。いつもお世話になっております。

山田課長 ：こちらこそ、いつもお世話になっております。

ヨン ：このあいだの問い合わせの件に関して、すぐにファックスをそっちに送りますので、よろしくお願いします。

山田課長 ：はい、分かりました。

ヨン ：その他に分かんないところがあったら、言って下さい。

山田課長 ：はい。

ヨン ：それでは、よろしくお願いします。失礼します。

山田課長 ：はい、失礼します。

解説 ：山田課長はヨンさんの話し方に対して、あまり良い印象を持っていないようでしたね。では、ヨンさんの話し方のどこに問題があったのでしょうか？「後で出します」と「後ほど提出致します。」どちらも同じことを言っているのに、この二つの文は印象が違います。この方が丁寧な印象です。

ヨン ：このあいだの問い合わせの件に関して、すぐにファックスをそっちに送りますので、よろしくお願いします。

解説 ：普段の話し言葉としてはヨンさんの言葉は問題ありません。しかし、ビジネスにおいて、社外の人に対する言葉としては、まだまだです。ヨンさんの言葉を書き言葉に直してみましょう。「このあいだ」は「先日」、「すぐ

に」は「至急」、「そっち」は「そちら」、このように言い換えることができます。話し言葉を書き言葉に、和語を漢語に言い換えると丁寧な言葉になります。「問い合わせ」に「お」をつけて、「お願いします」を「お願い致します」にすると、更に丁寧になります。「送ります」も「お送りします」と謙譲語に換えてみましょう。

ヨン　　　　：先日のお問い合わせの件に関して、至急ファックスをそちらにお送りしますので、よろしくお願い致します。

解説　　　　：次の文を見てみましょう。

ヨン　　　　：その他に分かんないところがあったら、言って下さい。

解説　　　　：これも丁寧な言葉にしてみましょう。「分からないところ」は「ご不明な点」、「ありましたら」は「ございましたら」、「聞いて下さい」は「お聞きになって頂けますか?」に換えます。相手に何かを頼む時は「○○して下さい」や「○○お願いします」よりも「○○して頂けますでしょうか?」「○○お願いしてよろしいでしょうか?」と質問の形で言う方が丁寧です。特に目上の人に「○○して下さい」と頼むのは、失礼になる場合がありますので、質問の形で頼みましょう。

ヨン　　　　：その他にご不明な点がございましたら、改めてお聞きになって頂けますか?

解説　　　　：このような文にすると、とても丁寧です。ビジネスにおいて、特にお客様に対応する時の言葉づかいは、より丁寧な話し方を心がけて下さい。

ヨン　　　　：東京商事第一営業課のヨンと申します。いつもお世話になっております。

山田課長　　：こちらこそ、いつもお世話になっております。

ヨン　　　　：先日のお問い合わせの件に関して、至急ファックスをそちらにお送りしますので、よろしくお願い致します。

山田課長　　：はい、分かりました。

ヨン　　　　：その他にご不明な点がございましたら、改めてお聞きになって頂けますか?

山田課長　　：はい、ありがとうございます。

ヨン　　　　：それでは、よろしくお願い致します。失礼します。

山田課長　　：はい、失礼致します。

❷クッション言葉

解説　：クッション言葉を皆さんはご存知でしょうか？　クッション言葉とは言葉の前に付け加えることで、言葉をやわらげ、ソフトな表現にする、非常に便利な言葉です。言いにくい言葉を伝える時にクッション言葉を一言添えるだけで、人間関係を壊さないように注意することができます。クッションのように会話を柔らかくする言葉、それがクッション言葉です。それでは、クッション言葉の例を見てみましょう。相手の期待や目的に添えないため、都合が悪く残念な状況になった時にいう言葉です。代表的なものをいくつか紹介します。「あいにくですが」。相手にとって残念な状況になった時によく使うクッション言葉です。

山田課長　：佐藤課長はいらっしゃいますか？

ヨン　：あいにくですが、佐藤はただ今、外出しております。

解説　：「申し訳ございませんが」。相手に対して申し訳ないと思う時に使うクッション言葉です。

田中課長　：次回の会合は月曜日でいかがですか？

李　：申し訳ございませんが、月曜日は一日中予定が入っております。

解説　：「せっかくですが」。相手の気づかいをやむを得ず断る場合に使うクッション言葉です。

李　：本日はお時間を取って頂き、ありがとうございます。それでは、今日はこの辺で失礼致します。

田中課長　：このあとご予定がなければ、一緒にお食事でもいかがですか？

李　：せっかくですが、この後もう一箇所立ち寄る予定がありますので、これで失礼致します。

解説　：次は何かを頼む時に相手に気をつかって言う言葉です。では、一つ一つ見ていきましょう。「お手数ですが」。相手にお願いをして、何かしてもらう時に使うクッション言葉です。

李　：お手数ですが、もう一度お電話頂けますでしょうか？

解説　：「お差し支えなければ」。相手の情報を聞いて、問題ないか確認をする時に使うクッション言葉です。

ヨン　：はい。はい。お差し支えなければ、私が伝言を承りますが、よろしいですか？

解説	：分からないことを尋ねる時に使う言葉です。それでは、実際の例を見てみましょう。
李	：失礼ですが、お名前を伺ってもよろしいでしょうか？
解説	：相手の名前を聞くということは、相手を疑っているかのようにとられ、大変失礼なことです。しかし、相手が自分から名乗らない場合には、電話の取り次ぎなどの時には困ります。このような時に「失礼ですが」や「恐れいりますが」を使うといいでしょう。
李	：恐れいりますが、もう一度お電話番号をお願い致します。
解説	：相手の言うことが聞き取れなかった時、相手の言ったことをもう一度確認したい時、相手は同じ事を2回言わなくてはなりません。このような時、「恐れいりますが」を使うと、会話がスムーズになります。「恐れいりますが」「申し訳ございませんが」は使える範囲が広い、大変便利なクッション言葉です。この二つは使う頻度が高く、応用性があるので、どんどん使ってみて下さい。
李	：恐れいりますが、鈴木様はいらっしゃいますか？　申し訳ございませんが、明日のお約束を3時に変更して頂けないでしょうか？
解説	：ここで、先程のヨンさんと山田課長の電話のシーンをもう一度思い出してみましょう。
ヨン	：その他にご不明な点がございましたら、改めてお聞きになって頂けますか？
解説	：ヨンさんは山田課長に、もし分からないことがあればまた聞いて欲しいとお願いしています。このように、相手にお願いする場合には、クッション言葉「恐れいりますが」「申し訳ございませんが」をつけると、更に丁寧になり、印象が良くなります。
ヨン	：その他にご不明な点がございましたら、恐れいりますが、改めてお聞きになって頂けますか？

❸尊敬語と謙譲語

客	：こんにちは。
李・ヨン	：いらっしゃいませ。
客	：中央印刷の高橋と申します。大型プリンターについて詳しいお話をお伺い

	したいんですが。
ヨン	：はい、ありがとうございます。あちらの商品担当の者に伺って下さい。
客	：あちらですね。
ヨン	：李さん、私、何かおかしなことを言いましたか？
李	：うん、ちょっと言葉づかいを間違えたね。
解説	：さあ、ヨンさんはどこを間違えたのでしょうか？ 皆さんは気づきましたか？
ヨン	：はい、ありがとうございます。あちらの商品担当の者に伺って下さい。
解説	：これが間違いです。「伺う」は「聞く」の謙譲語です。この場合、「聞く人」は「お客様」ですので、謙譲語ではなく、尊敬語を使わなければならなかったのです。「聞く」の尊敬語は「お聞きになる」です。
李	：あちらの商品担当の者にお聞きになって下さい。
解説	：または、「尋ねる」を使って、
李	：あちらの商品担当の者にお尋ねになって下さい。
解説	：このように言っても良いでしょう。今の会話では、もう一つポイントがあります。それは相手に何かを頼む時の文の形です。「○○になって下さい。」よりも、「○○になって頂けますか？」と、質問の形にする方が丁寧です。
李	：あちらの商品担当の者にお聞きになって頂けますか？ あちらの商品担当の者にお尋ねになって頂けますか？
解説	：これがお客様に対する正しい言葉づかいです。
李	：ヨンさん、分かった？
ヨン	：はい、分かりました。私、尊敬語と謙譲語を間違えていました。
李	：そうだね。よくある間違いだけれど、気をつけないといけないよ。
李・ヨン	：いらっしゃいませ。
客	：株式会社トーハンの渡辺と申します。大型プリンターについて詳しい話を伺いたいのですが。
ヨン	：ありがとうございます。あちらの商品担当の者にお聞きになって頂けますか？
客	：はい、ありがとうございます。
解説	：次にその他の例について見てみましょう。
李	：東京商事の李と申します。田中課長はおりますか？

受付係	：おりますか？ はい、おりますが。少々お待ち下さい。
解説	：これもよくある間違いの一つです。どこが間違いか、どう直せばいいのか、皆さん分かりますか？
李	：田中課長はおりますか？
解説	：これが間違いです。「おる」は「いる」の謙譲語なので、田中課長に「おる」を使ってはいけません。
李	：田中課長はいますか？
解説	：これを敬語表現にする場合、どうすれば良いのでしょうか？「いる」の尊敬語「いらっしゃる」を使います。
李	：田中課長はいらっしゃいますか？
李	：東京商事の李と申します。田中課長はいらっしゃいますか？
受付係	：はい、おります。少々お待ち下さい。
山田課長	：太陽物産の山田と申します。佐藤課長はいらっしゃいますか？
ヨン	：はい、いらっしゃいます。あっ。
解説	：ヨンさんは山田課長につられて、「いらっしゃいます」と尊敬語を使ってしまいました。相手の言葉につられて、尊敬語と謙譲語を間違って使ってしまうことがあります。注意しましょう。この場合、「おります」が正しいですね。
山田課長	：太陽物産の山田と申します。佐藤課長はいらっしゃいますか？
ヨン	：はい、おります。少々お待ち下さい。
ヨン	：恐れいります。こちらで少々お待ちして下さい。
山田課長	：え？ あっ、はい。
ヨン	：失礼致します。
解説	：これもよくある間違いの一つです。どこが間違いか、どのように直したら良いのか、皆さん分かりますか？
ヨン	：恐れいります。こちらで少々お待ちして下さい。
解説	：ヨンさんは間違えて「少々お待ちしてください」と言っています。「お○○する」は謙譲語の形です。つまり、「お待ちして」は謙譲語ですので、お客様の山田課長には使えません。敬語の間違いで多いのが尊敬語の「お○○になる」と、謙譲語の「お○○する」を混同することです。「こちらで少し待って下さい。」この文を尊敬表現に換えましょう。初めに、「待つ」

172

を尊敬語にします。「少し」は「少々」という漢語に換えましょう。「こちらで少々お待ちになって下さい。」更に、「お待ちになって下さい。」を「○○して頂けますか？」に換えて、「こちらで少々お待ちになって頂けますか？」このように言うと良いでしょう。

ヨン 　　　：こちらで少々お待ちになって頂けますか？

山田課長 　：はい。

ヨン 　　　：失礼致します。

❹丁寧でない言葉・過剰敬語

李 　　　　：さぁ、昼めし、昼めし。

ヨン 　　　：おなかすきました。

佐藤課長 　：さぁ、食べよう。

李 　　　　：おぉ、色々あるなぁ。ヨンさんは何食うの？

ヨン 　　　：私はビーフカレーにします。

李 　　　　：課長は何をお食いになりますか？

佐藤課長 　：「お食いになる」って。それを言うなら、「お食べになる」か「召し上がる」だよ。

解説 　　　：「食う」は「食べる」の乱暴な言い方です。このような言葉を使って、「お食いになる」と、尊敬語の言い方にしても、敬語にはなりません。「食べる」の尊敬語は「お食べになる」か「召し上がる」です。

李 　　　　：さあ、昼めし、昼めし。

ヨン 　　　：おなかすきました。

佐藤課長 　：さあ、食べよう。

李 　　　　：おぉ、色々あるなぁ。課長は何を召し上がりますか？

佐藤課長 　：そうだなあ、野菜カレーにしようかな。

ヨン 　　　：私も。

李 　　　　：いやぁ、おいしかったですねぇ。

ヨン 　　　：すごいおいしかったです。

店員 　　　：食後のデザートは何になさいますか？

李 　　　　：さっきは「お食いになりますか」と言っちゃったから、今度はすごく丁寧な言葉づかいをしてみよう。課長は何をお召し上がりになられますか？

佐藤課長	：李くん、今度は丁寧すぎるよ。
解説	：李さんが言った「お召し上がりになられますか？」は「食べる」の尊敬語「召し上がる」と「お○○になる」と「○○られる」この三つの尊敬語が重なっています。このような敬語を過剰敬語と言います。文法上は間違いではないのですが、丁寧すぎるので、できるかぎり使わない方がいいでしょう。「食べる」を尊敬語にする時には、「お食べになる」「召し上がる」という、簡単な尊敬語で十分敬意を表すことができます。
李	：課長は何を召し上がりますか？
佐藤課長	：私はアイスクリームをもらおうかな。
ヨン	：私も。

❺ 「お」と「ご」の用法

佐藤課長夫人	：はい、佐藤でございます。
ヨン	：おやぶんに申し訳ありません。私、東京商事第一営業課のヨンと申します。
佐藤課長夫人	：おやぶん？
ヨン	：佐藤課長はいらっしゃいますか？
佐藤課長夫人	：少々お待ち下さい。
佐藤課長	：誰から？
佐藤課長夫人	：営業課のヨンさんから。あなた、会社で親分って呼ばれてるの？
佐藤課長	：は？　お電話替わりました。どうした？
ヨン	：おやぶんに申し訳ありません。第一営業課のヨンです。
佐藤課長	：ヨンさん、この場合、「お」はつけなくていいんだよ。
ヨン	：えっ、そうなんですか？
解説	：「お電話」や「ご用件」のように、名詞に「お」や「ご」をつけることで、言葉づかいを丁寧にする方法があります。では、どのような時に「お」や「ご」をつけるのでしょうか？　相手の動作、持っている物等に「お」や「ご」をつけると、尊敬語になります。
李	：課長の考えはいかがですか？　課長のお考えはいかがですか？
ヨン	：山田課長、大変忙しい中、ありがとうございました。山田課長、大変お忙しい中、ありがとうございました。
解説	：目上の人と自分の両方に関係するものに「お」や「ご」をつけると、謙譲

語になります。例えば、「連絡」。連絡は自分だけでなく、自分と相手の両方に関係するものです。「ご」をつけて、「ご連絡」にします。「報告」等も同じように、相手と自分で共有するものなので、「ご」をつけます。

李　　　　　：ご報告が遅れまして、申し訳ございません。

ヨン　　　　：新製品のお知らせをファックスで送らせて頂きました。

解説　　　　：丁寧に、上品に話したい時も、「お」や「ご」を使うことがあります。

李　　　　　：これはおいくらですか？

ヨン　　　　：お花を取り替えました。

解説　　　　：「お」と「ご」はどのように使い分けるのでしょうか？「お」は訓読みの和語に、「ご」は音読みの漢語につくと覚えておきましょう。「名前」は「お名前」、「氏名」だと「ご氏名」になります。

ヨン　　　　：佐藤課長のお宅では、お犬を飼っていらっしゃるんですか？

解説　　　　：名詞によっては「お」や「ご」をつけられないものもあります。「お花」「お魚」「お野菜」等を除いて、「お犬」「お猫」「おリンゴ」等、動植物には「お」をつけません。「おバッグ」「おプリンター」等の外来語にも「お」や「ご」はつきません。「お天気」等を除いて、「晴れ」「雨」「曇り」「雷」等、天気を表す言葉や、「お昼」等を除いて、「朝」「夜」といった時間を表す言葉にも「お」や「ご」はつきません。

ヨン　　　　：お夜分に申し訳ありません。私、東京商事第一営業課のヨンと申します。

解説　　　　：ヨンさんが言った「お夜分に申し訳ありません。」は間違いです。「夜分に申し訳ありません。」「夜遅くに申し訳ありません。」と言うのが正しい表現です。

佐藤課長夫人：はい、佐藤でございます。

ヨン　　　　：夜分に申し訳ありません。私、東京商事第一営業課のヨンと申します。

解説　　　　：「お」と「ご」の使い過ぎは過剰敬語なので、丁寧すぎます。例えば、「お車にお乗り下さい。」は、「車」に「お」をつけ、「乗る」を「お○○下さい」と、尊敬語にしています。「車にお乗り下さい。」と、動詞だけに「お」をつける方が分かりやすくて、それだけで敬意も十分伝わります。「ご出張される」のように、尊敬を表す「られる」と「ご」の両方をつけるのも使いすぎの例です。この場合は「ご出張する」か「出張される」で良いでしょう。

ヨン	：大阪支社の部長がご出張にいらっしゃられました。
解説	：「大阪支社の部長がご出張にいらっしゃられました。」今の文では、「ご出張」「いらっしゃる」「られる」と3種類の敬語が使われています。これは過剰敬語です。この場合「ご」と「られる」を取ったほうがすっきりします。
ヨン	：大阪支社の部長が出張にいらっしゃいました。
解説	：敬語はビジネスにおいて欠かすことのできないものです。敬語が上手く使えないと、何気なく言った言葉で相手の気持ちを傷つけたり、人間関係を壊してしまうことにもなりかねません。特に目上の人やお客様と会話をする時には、注意が必要です。正しい言葉づかいをすること、そして、場面に応じた適切な言葉を使うことは、ぜひとも身につけたい技術です。この教材で敬語や正しい言葉づかいをマスターして、正しい日本語を使いこなせるようになって下さい。

4. ビジネス文書Ⅰ (ビジネス文書の書き方)

解説 : 今回はビジネス文書の書き方について学習します。ビジネス文書が苦手な人はとても多いようです。皆さんはどうですか？ そこで今回は、ビジネス文書の書き方について分かりやすく解説します。初めて日本語のビジネス文書を作る人も、これを見て学習すれば、きっと大丈夫です。さて、李さんとヨンさんはきちんとビジネス文書が作れるでしょうか？ 東京商事のオフィスの様子を見てみましょう。

ヨン : 復唱させて頂きます。

佐藤課長 : 李くん、ヨンさんの言葉づかいはとても上手になったじゃないか。

李 : はい、そうですね。

佐藤課長 : それでは、この文書はヨンさんにやってもらうことにしよう。

李 : あっ、それいいですね。

佐藤課長 : 李君、君が指導を頼むよ。

李 : えっ。

❶ビジネス文書の種類

解説 : 李さん、ちょっと困っているようですね。ビジネスにおいて文書は情報を伝える手段の一つであり、日々の仕事の中でたくさん使われています。会社は色々な種類の文書を使って活動しています。「会社は文書で動いている」と言ってもいいでしょう。電話や口頭で情報を伝えることもできますが、正確に伝えたい時や正確な記録を残したい時には、文書の方が確実です。これは社外文書です。「申請書」「通知書」「承諾書」に「依頼書」「督促書」「請求書」。こちらは社内文書。「報告文書」「指示文書」「連絡文書」「記録文書」。他にも「社交文書」に「法律文書」。忘れてしまいそうなほどたくさんあります。しかし、心配することはありません。ビジネス文書には決まった形があります。ですから、その形に合わせて書けば、早く正確に文書を作ることができるのです。

❷ビジネス文書の文体

李 : おおっ。

ヨン　　：よくできてるでしょう？

李　　　：ヨンさん、ここ読んでみてよ。ここまで。

ヨン　　：拝啓、貴社ますますご盛栄のこととお喜び申し上げる。平素は格別のご愛
　　　　　顧を賜り、厚くお礼を申し上げるのだ。さて、弊社は創業以来、国内各
　　　　　メーカーの業務用プリンターの代理販売を関東地区を中心に行ってきたの
　　　　　である。

李　　　：どう？　読んでみた感想は。

ヨン　　：なんかちょっと硬いです。それに失礼な感じがします。

李　　　：そうだね。普通、ヨンさんが課長や僕に話す時に「だ」とか「である」な
　　　　　んて言わないよね。

ヨン　　：はい、「です」「ます」を使います。

李　　　：ビジネス文書もそれでいいんだよ。その方が親しい感じがするから、受け
　　　　　取った人も気分がいいんじゃないかな。

ヨン　　：そうですね。書き直してみます。

李　　　：がんばって。

解説　　：李さんが言うように、ビジネス文書の多くは「です」「ます」を使って書
　　　　　かれています。ビジネス文書の基本は「です・ます体」と覚えておいて下
　　　　　さい。また、次のことも頭に入れておいて下さい。数字は漢数字ではなく、
　　　　　アラビア数字を使います。漢字は日本の現代かなづかいを使います。日本
　　　　　の漢字と他の国で使われている漢字は形が違います。注意しましょう。

❸ビジネス文書の基本書式

李　　　：まぁまぁかな。

ヨン　　：まぁまぁって。

李　　　：まぁまぁというのは、ほら、ビジネス文書には決まった書式があって、そ
　　　　　れに当てはめて書かなければいけないんだ。

ヨン　　：「書式」ですか？

李　　　：そう。例えば、ビジネス文書は大きく三つの部分からできているんだ。一
　　　　　つは「前付け」、二つめは「本文」、三つめは「後付け」。

ヨン　　：なるほど。

李　　　：「前付け」は更に分かれているんだ。「文書番号」「発信年月日」「受信者

　　　　　名」「発信者名」。

ヨン　　　：えー、そんなにあるんですかぁー？

李　　　　：大丈夫。「前付け」は一度書式を作ってしまえば、後はその項目を埋めて
　　　　　いけばいいから、難しいことはないよ。

ヨン　　　：そうですよね。李さんにもできたんですから。

李　　　　：そうだよ。えっ？

ヨン　　　：直してきます。

❹前付け

解説　　　：李さんはヨンさんに変な自信を与えてしまったようですね。ところで、最
　　　　　近はパソコンでのビジネス文書の管理が進んでいます。そのため、文書に
　　　　　番号をつけて管理することが多いようです。その番号が「文書番号」です。
　　　　　一つ、例を見てみましょう。「文書番号」はこのように右上に書きます。
　　　　　この「一営発230号」の「一営」は「第一営業課」の略、「発」は「発信」
　　　　　の略です。つまり、この文書は「第一営業課が発信した230番目の文書」
　　　　　ということです。「文書番号」のつけ方は会社によって違うので、自分の
　　　　　会社で確認して下さい。その下にあるのが「発信年月日」、文書番号と右
　　　　　端をそろえて書きます。「発信年月日」は後で問題が起きた時に証拠にも
　　　　　なりますので、忘れずに書きます。「発信年月日」はその日付に注意して
　　　　　下さい。社外文書の「発信年月日」は「ファックスで送った日」、または、
　　　　　「ポストへ投函した日」等です。社内文書の「発信年月日」は、「社内で文
　　　　　書を公開した日」です。「文書を作成した日」や「文書が相手に届く日」
　　　　　ではありませんので、日付を書く時には十分注意しましょう。また、年の
　　　　　表記は日本国内では元号を使うことが多いです。海外向けの文書は西暦を
　　　　　使います。

ヨン　　　：李さん、太陽物産は前株ですか、後株ですか？

李　　　　：前株だよ。

ヨン　　　：ありがとうございます。

李　　　　：省略せずに、ちゃんと「株式会社」って書くんだよ。

ヨン　　　：社名、人名、役職を省略したり、間違えたりしたら、大変な失礼になって
　　　　　しまいますからね。

李	：うん。僕もいまだに分からない時はきちんと調べてから書いてるよ。
ヨン	：重要な情報ですもんね。
解説	：文書を受ける人の名前を「受信者名」と言います。「受信者名」は日付の次の行から書きます。左端を本文とそろえるようにします。1行目に相手が所属する会社名を、2行目に相手の部署名、役職、氏名を書きます。また、「受信者名」は「株式会社太陽物産」のように正式名称で書きます。特に、お金が関係する文書、例えば、送金文書等で名称を間違えて書くと、銀行が送金できず、問題が起きることがあります。気をつけましょう。ビジネス文書では、氏名や会社名の後に敬称をつけます。会社名には「御中」、名称の後に一文字分あけて書きます。会社の部署に送る場合は、1行目に会社名を、2行目に部署名を書きます。
李	：違うよ、これ。
ヨン	：何がですか?
李	：個人に宛てる時は「様」と書くんだよ。
ヨン	：すいませんでした。では、2行目の部署名の後、一文字あけて、山田聖一様。
李	：あぁ、惜しいなぁ。まず、部署名の後に役職名を入れるよ。それから、個人名と「様」の間を一文字あける。これでOKだよ。
ヨン	：社内文書もこれでいいですか?
李	：それが違うんだよ。社内の場合は、役職名を名前の後ろにもってくる。そうすれば、敬称はいらないよ。
ヨン	：ありがとうございました。
解説	：前付けの最後は「発信者名」です。「発信者名」とは文書を送る人の名前です。社外文書の場合は会社を代表した文書ですから、送る文書に責任を持つという意味で、管理者の名前を書きます。ここで一つ気をつけなければならないのは、受信者と発信者のバランスを取る、という点です。例文では、受信者が社長、発信者が課長になっています。これでは、役職のバランスがとれません。ですからここでは、発信者も社長にしましょう。また、このように、受信者が個人なのに発信者は部署でもいけません。個人宛の文書の場合は発信者も個人にすることが基本です。
佐藤課長	：うん、はいOK。

ヨン	：ありがとうございました。
佐藤課長	：社内文書にはいらないことが多いけど、社外文書には最後に判子を忘れずに。
ヨン	：はい。
李	：社外文書でも、社交文書には判子はいらないのですよね？
佐藤課長	：その通り。さすが李くん、先輩だ。ヨンさんも李君に「追いつけ追い越せ」で頑張ってくれよ。
ヨン	：はい、追い越します。

❺本文

解説	：次はいよいよ「本文」を見ていきましょう。「本文」とは、ご覧のようにこの用件を伝える部分です。本文を細かく見ていくと、「件名」「前文」「主文」「末文」の４つに分けられます。まず、「件名」とはその文書の内容を伝えるものです。発信者名の後に、１～２行あけて、中央に書きます。「件名」は短く、一目見て、文書の内容が分かる言葉にします。しかし、短く分かりやすい言葉で内容を伝えることは難しいですね。でも、簡単に件名を書く方法があります。お勧めしたいのは「○○について」と、「()かっこ」の両方を使う書き方です。「プリンターのご注文について（ご回答)」を例にすると、「プリンターのご注文について」は、その文書の内容を、「（ご回答)」は、文書の目的を表しています。つまり、送り先に対して「ご注文を頂いたプリンターについて、ご回答を致します。」という意味です。この方法は文書の内容、目的を一度に表現することができて、とても便利です。ぜひ覚えておいて下さい。また、「件名」が目立つように、文字を大きくしたりする工夫があると、なお良いでしょう。
李	：どう、ヨンさん、本文は書けてる？
ヨン	：はい、用件を伝えればいいのですから、ここがいちばん簡単です。
李	：そう、どれどれ？
ヨン	：ＯＫですよね？
李	：ああ、「前文」が抜けてるよ、ヨンさん。
ヨン	：「前文」ですか？
李	：手紙の始めに書く挨拶の文章を「前文」と言うんだ。

ヨン　　：そうなんですか。

李　　　：「前文」は「頭語」「時候の挨拶」「安否の挨拶」「感謝の挨拶」に分けられるけど、型どおりに覚えてしまえば簡単だよ。例えば、「頭語」は「拝啓」と相手からきた文書に対する返信の際に使う「拝復」を二つ覚えておけばいい。そして、本文の最後には「拝啓」とセットで、「敬具」という言葉が来ることも覚えてしまおう。この本文の最後に来る言葉を「結語」と言うんだ。

ヨン　　：「頭語」と「結語」にはどんな意味があるんですか？

李　　　：「手紙や文書を丁寧に書いています」また、「相手に対して尊敬を込めています」という意味があるんだよ。

ヨン　　：分かりました。

李　　　：それじゃ次に、「挨拶文」を書いてみよう。「時候の挨拶」は季節の挨拶だから、はい、月ごとにこんなにあるよ。

ヨン　　：はぁ、覚えられません。

李　　　：覚える必要はないよ。何月かを確認して、この表を見て書けばいいんだ。

ヨン　　：なるほど。

李　　　：それから、「時下」という言葉はどんな季節にも使えるよ。「時下」という言葉は「最近」という意味だから、とっさの場合はこの言葉を使えばいい。

ヨン　　：これはすごく便利な言葉ですね。

李　　　：ただし、社交文書の場合は使えないから、それだけは気をつけてね。

解説　　：外国のビジネス文書では、この「前文」が省略されることが多いようです。そのため、外国の方が使い慣れないのは仕方のないことです。「安否の挨拶」とは相手の会社の発展を祝う言葉です。慣用句を組み合わせて作られています。この挨拶は5つのパートに分けることができます。様々な表現も、実は次のようにそれぞれのパートを入れ替えて作っているだけです。例えば、「貴店」「いよいよ」「ご繁盛の」「ことと」「お喜び申し上げます」となっています。これにも簡略パターンがあります。会社宛てと個人宛ての一つずつを覚えて下さい。ご覧頂いて分かるように、囲いの部分を会社宛てと個人宛てで入れ替えます。会社の場合は「貴社」「ますます」「ご盛栄の」「ことと」「お喜び申し上げます。」「貴社ますますご盛栄のこととお喜び申し上げます。」個人の場合は「貴殿」「ますます」「ご健勝の」「こと

と」「お喜び申し上げます。」「貴殿ますますご健勝のこととお喜び申し上げます。」まずは、この表現を覚えて使ってみて下さい。

李　　：じゃあ、次は「感謝の挨拶」の部分にいくよ。

ヨン　：簡略表現ありますよね？

李　　：あるよ。「感謝の挨拶」は相手に対する日常的な感謝の言葉。これも慣用表現の組み合わせでできている。この表現も５つのパートに分かれていて、

ヨン　：私が分けてみます。

李　　：うん。

ヨン　：「平素は」「格別の」「お引き立てを」「賜り」「厚くお礼を申し上げます。」

李　　：いいよ、ヨンさん。これも次のような言葉の入れ替えでできている。

ヨン　：やっぱりたくさん。

李　　：しかし、これも大丈夫。この部分を入れ替えて使えばいいんだ。やってごらん。

ヨン　：はい。「平素は」「格別の」「ご愛顧を」「賜り」「厚くお礼を申し上げます。」

李　　：ね、簡単でしょう？

ヨン　：はい。

李　　：先程勉強した「拝復」を使った返信の場合は一つだけ覚えておこう。これは囲みの部分に日付を入れればＯＫだよ。

ヨン　：例えば、８月３０日だったら、「ご書面」「８月３０日に」「拝受致しました。」

李　　：その通り。これで難しい挨拶文は終わりだよ。

ヨン　：やったー。

李　　：やったー。ところで、「８月３０日」って何？

ヨン　：誕生日。

李　　：誰の？

ヨン　：プレゼントお待ち申し上げておりまーす。

李　　：教えてないのに、そんな言葉づかいだけは上手になっちゃって。

解説　：次は「主文」を見ていくことにしましょう。主文は文書の用件にあたる部分、ビジネス文書の中心です。状況や目的によって書き換えて、工夫をしなければなりません。主文の多くは「前付け」や「後付け」のように慣用

句の組み合わせで書くことはできません。「主文」は、「起語」と「用件文」からできています。「起語」は文章の調子を整えるために文の始めに書きます。一般的には「さて」という言葉が使われます。文章の基本は「起承転結」です。ビジネス文書の「主文」も同じです。ご覧のように、「起、さて」「承、このたび」「転、つきましては」「結、何卒ご高配を賜りますように」と、なっています。この言葉がよく使われています。

李	：ヨンさん、よくできているよ、この用件部分。どうやって書いたの？
ヨン	：ありがとうございます。教えられた通り、課長のおっしゃる用件を箇条書きにしたメモを作ったんですよ。
李	：へぇ、感心感心、どれどれ。
ヨン	：メモを取るポイントは「5W3H」。「いつ」は「9月6日月曜日から9月10日金曜日、10時から19時まで」、「どこで」は「東京商事丸の内ショールーム」、「誰が」は「太陽物産山田課長」、「何を」は「招待券と東京商事オフィス機器展示会のパンフレット」、「なぜ」は「お客様に案内するため」、「どのように」は「新しい商品を展示する」、「いくら」は「無料」、「いくつ」は「10部ずつ」。
李	：凄い、完璧だ。
ヨン	：でしょう？ そして、このメモを文書にして、日時、場所等は分かりやすくするために、箇条書きにしたのです。
李	：恐れいったよ。俺、メモ書き苦手なんだよ。ヨンさん教えて。
ヨン	：いいですよー。
李	：本当に？
ヨン	：このお店のディナーが食べたいなー。
李	：いい。俺は自分で勉強するから。
ヨン	：課長が「メモ書きも出来ないようじゃ出世は無理だ」って言ってたな。あっ、こっちもおいしそう。
李	：ヨンさーん、おごらせて頂きますう。
ヨン	：ここのディナー。ここ。
李	：ちょっと高くない？
ヨン	：気のせいじゃないかな。おいしそう。
佐藤課長	：だめじゃないか。ここいつも言ってるように。すぐ直して。

ヨン	：李さん。課長ご機嫌斜めですね？
李	：いや、僕が悪かったんだ。
ヨン	：どうしたんです？
李	：得意先に曖昧な表現を書いてしまって。
ヨン	：どこですか？
李	：「月末」。今はまだ８月で、来月の終わりまでに代金を支払う予定だから、正しくは「９月３０日までにお支払い致します。」と、日付をはっきり書かなければいけなかったんだ。
ヨン	：そうなんですか。
李	：曖昧な表現をすると、読み手が判断を間違えて、誤解が生まれることがあるからね。ビジネス文書では、抽象的な表現は避けて、はっきり伝えたほうがいいんだよ。
ヨン	：そうでしたか。では、これもだめですか？「早急に検討した上、ご返事申し上げます。」
李	：だめだめ。こんなのを提出したら、課長の雷間違いなし。例えば、この用件を、明日の会議で検討するのであれば、「明日、８月２１日の会議で議題として取り上げ、ご返事申し上げます。」といったように、きちんと返事をしてあげなくちゃ。
ヨン	：ありがとうございました。
佐藤課長	：ヨンさん。
ヨン	：はい。
佐藤課長	：ヨンさん、なんだねこれは？ 展示会のお知らせとプリンタ納品の件が二つ書かれてあるじゃないか。
ヨン	：せっかくですから、一つにまとめてみました。
佐藤課長	：ヨンさん、これは君がいつもファイルしてくれている得意先からの文書だ。
ヨン	：はい、こちらがご案内の文書をまとめた物で、こちらが納品関連の物です。
佐藤課長	：だろう？ このように内容によってヨンさんもファイル管理をきっちりしている。ということは、得意先だって同じようにしているんじゃないか？
ヨン	：そうかもしれません。
佐藤課長	：このように一つの文書にいくつもの用件が書かれていたら、ヨンさんは困るんじゃないか？

ヨン	：はい、どちらにファイルしたらいいのか分からなくて、困ってしまいます。
佐藤課長	：そういうことが起こらないためにも、一つの文書には一つの用件、これが基本だからね。
ヨン	：はい、分かりました。
佐藤課長	：それから李くん。
李	：はい。
李	：おつかれさま、ヨンさん。はい。
ヨン	：ありがとうございます。課長に文書をチェックしてもらうと、仕事がなかなか終わらないですね。
李	：しかし、書いた文書をチェックしてもらうことは、とても大切なことだよ。
ヨン	：確かに。思わぬミスが見つかるものですね。
李	：そうだね。それに、いいアドバイスももらえるしね。
ヨン	：はい。
李	：ヨンさんが僕の文書をチェックしてくれる日を楽しみに待っているよ。
ヨン	：はい、頑張ります。
李	：うん。
解説	：「がんばって」と、声をかけたくなるような二人ですね。皆さんも二人に負けず頑張っていきましょう。主文の最後は「末文」です。「末文」は締めくくりの挨拶文です。5つのパートに分けられます。例文では、「何卒」「お誘いあわせの上」「ご参加」「頂きますよう」「よろしくお願い申し上げます。」このように分けられます。代表的な「末文」もご覧のように分けられます。まずは、これも代表的な形を一つだけ覚えておけば、色々な文書に使うことができます。ご覧のように、囲みの部分を入れ替えれば、大丈夫です。急ぎの文書の場合は、簡略した形を使うこともできます。例えば、「まずはご通知申し上げます。」。これは「まずは」「ご通知」「申し上げます」という3つに分けることが出来ます。そしてこれは、真ん中の部分をご覧のような言葉にそれぞれ入れ替えることで、ほとんどのケースに当てはめて使うことができます。ただし、社交文書では「末文」を簡略化することは失礼になりますので、必ず書いて下さい。

❻後付け

ヨン ：李さん、この文書、分かりづらくないですか？

李 ：どれどれ。あー、展示会の日時と場所が分かりづらいね。

ヨン ：やっぱり？

李 ：こういう場合は「別記」を使うといいよ。

ヨン ：「別記」ですか？

李 ：うん。「別記」というのは主文、末文だけでは用件を伝えられない時や、用件の内容を整理して書きたい時に使うんだ。例えばこの場合、こんな風に主文の後に「記」と中央に書いて、段落をあけて箇条書きにするんだ。

ヨン ：なるほど。分かりやすいです。

李 ：最後に、右下隅に「以上」と書く。それから、「別記」をつけた場合は、こんな風に主文の中に「下記の通り」や「別記の通り」という言葉を使って、用件を別に書いたことを知らせるんだ。

ヨン ：ふーん。では、この「別記」に同封する招待券とパンフレットのことを書いてもいいのですか？

李 ：うーん、それは「追記」にしよう。

ヨン ：今度は「追記」ですか？

李 ：うん、「追記」は「別記」が長くなりそうな時や内容を分けて書いた方が更に見やすく分かりやすい場合に、項目を分けて書くことを言うんだ。

ヨン ：これでいいのですか？

李 ：その通り。ただし「以上」は一つで十分。「別記」と「追記」の二つを載せる場合は最後に一つで大丈夫。

ヨン ：よーし、完成だ。じゃないですよね。

李 ：最後に「担当者名」を入れておこう。

ヨン ：えっ、でもそれは発信者名を書いているのですから、いいのではないですか？

李 ：発信者名はあくまでも会社を代表したもの。しかし、実際の問い合わせなどに対応する人は、別の場合が多いよね。

ヨン ：確かに。今回の展示会も佐藤課長より私のほうが小さなことまで知っていますから、私に連絡をもらった方が、得意先も便利だと思います。

李 ：そうだよね。そこでこのように「担当者名」を右下に、右あわせで書いて

おくといい。電話番号、メールアドレスを入れておけば、なお得意先に対して親切だね。

ヨン	：はい。
李	：これでOK。ごくろうさま。
ヨン	：李先輩、ありがとうございました。
李	：うん。これで社外文書もじゃんじゃんヨンさんに頼めるなぁ。
ヨン	：私は李さんみたいにデートする相手がいないわけじゃないので、ほどほどにして下さいね。
李	：はい。

❼社交文書

解説　：社外文書にはもう一つ種類があります。それは「社交文書」と呼ばれる物です。「社交文書」は取引先と良い関係を続けるために、挨拶等、相手と交流をするための文書です。例えば、「年賀状」や「暑中見舞」「転勤の挨拶」等、一年を通して「社交文書」を書く機会は多くあります。「頭語」から「時候の挨拶」「感謝の挨拶」「末文の挨拶」「結語」といった文章の構成はビジネス文書と同じですが、件名や文書番号はつけません。

解説　：いかがでしたか？　ビジネス文書は言葉だけ見ると、難しく感じますが、形が決まっている部分が多いので、実は簡単に作る事ができるのです。また、上司や先輩から、以前に作った文書をもらって、それを書き換えるだけででき上がりますので、１から作る必要もありません。難しく考えずにチャレンジしてみましょう。

5. ビジネス文書Ⅱ(様々なビジネス文書)

解説 ：今回はビジネス文書の基本的な書き方に続いて、ファックスやEメール、封筒、はがきの書き方等、様々なビジネス文書について見ていきたいと思います。それでは今回も東京商事第一営業課の様子を見てみましょう。李さんとヨンさん、今日は何に取り組んでいるのでしょうか?

佐藤課長 ：はぁ。李くん、これを見てくれよ。

李 ：うわぁ、きれいですねぇ、佐藤課長。

佐藤課長 ：そうじゃないだろ。こんな物をお客様に送ったら。

李 ：草書体や行書体で書かれていると、何と書いてあるのかはっきり分からないですよね?

佐藤課長 ：そうなんだよ、李くん。ところが、見てみろヨンさんを。君が指導することになっているんだから、何とかしてくれよ。

李 ：はい、分かりました。

ヨン ：何か言いましたか? 課長、これ見て下さい。李さんも見て下さい。すごいきれいなんですよ。

李 ：あのねぇ、ヨンさん。これじゃあ向こうの人が読めないでしょ?

ヨン ：そんなことないですよ。これとかすごいお勧めなんですよ。

佐藤課長 ：ほら、李くん。

❶封筒の書き方

解説 ：ヨンさんの指導がまだ足りませんね、李さん。佐藤課長が怒っていたように、ビジネス文書を送る時の宛名、つまり住所と名前は、基本的に「楷書体」で書きます。住所は1行で書きますが、長くて1行に収まらない場合は、建物の名前等から行を変えて、一文字分下げて書き始めます。会社名も住所の書き出しより一文字分下げます。この時、会社名や団体名は略さず、正式名称を書きます。「株式会社」も名称に含まれます。また、封筒の中央に他の文字よりも大きめに書きます。肩書きは名前の上に名前よりも小さめに書くと、バランスが良くなります。こちらに書かれている「至急」と「請求書在中」。就職活動中に「履歴書在中」と書いた人もいるでしょう。この部分は「外脇付」と言います。中の文書の内容や発信者が望

んでいることを書きます。例えば、この「至急」は急ぎの用件の時に書く言葉です。日本では発信者の住所や氏名等は封筒の裏側に書きます。線から右側に住所、左側に社名、氏名を書きます。また、発信した年月日を左側上部に書いておくといいでしょう。封筒はのりを使って閉じます。閉じた部分に「〆」と書きます。

❷はがきの書き方

ヨン　　　　：ただ今帰りました。

李　　　　　：お帰り。ごくろうさま。

佐藤課長　　：どうだった？　伊藤工業さんの工場見学は。

ヨン　　　　：とても勉強になりました。私の泊まるホテルまで予約して頂いたんですよ。

佐藤課長　　：そうか、そこまでして頂いたのか。李くん、

李　　　　　：はい。

課長　　　　：ヨンさんに礼状の書き方を教えてあげて、すぐに伊藤工業さんに送ってくれ。

李　　　　　：分かりました。ヨンさん、では早速。

ヨン　　　　：Eメールじゃだめですか？　今出したら今着くし、お金もかかりません。

佐藤課長　　：そんな時代だからこそ、はがきで伝えると、丁寧な印象を受けるだろう？

李　　　　　：お客様もヨンさんのことを覚えてくれるのではないかな。

ヨン　　　　：なるほど。

解説　　　　：はがきの宛名の書き方は封書の書き方とほぼ同じです。受信者の名前ははがきの中央に書きます。発信者の住所は左下に宛名よりも小さく書きます。本文の書き方は一般的なビジネス文書とほぼ同じですが、はがきは小さいので、前付け、受信者名、発信者名、後付けは省略します。主題も1枚に一つにして、2、3行にまとめましょう。皆さんが利用しているお店や会社からこのようにお店の移転や開店のはがきが届いたことはあるでしょうか？　これは「儀礼文」と言います。通常「儀礼文」は縦書きですが、このようなお知らせの場合は横書きにします。そして、主文の上に件名を書きます。

❸ 一筆箋の使い方

李	：あれ、閉じちゃうの？ それ。
ヨン	：はい。
李	：何も文書は入れないの？
ヨ	：お客様からのご希望で送るから、文書がなくても内容は分かるでしょう？
李	：まぁ、それはそうだけれども。こういう時も手紙を入れておいた方が丁寧だよ。
ヨン	：はい。
李	：あっ、そうだ、ちょっと待って。そういう時にはこれ。「一筆箋」を使うといいよ。
ヨン	：細い便箋ですね。
李	：うん。7行くらいしか書けないから、簡単な連絡の時にだけ使うんだ。試しに僕が書いてあげるよ。始めに相手の会社と宛名。
ヨン	：頭語は必要ないんですか？
李	：うん、小さいからね、主文と自分の名前だけ入れればOK。
ヨン	：長い文になってしまったら、どうするんですか？
李	：長くなるようだったら、普通の便箋を使った方がいいね。
ヨン	：分かりました。
李	：それから、「一筆箋」は訪問先で担当者がいない時にも使うことができるんだ。伝言を頼むよりも、メッセージを書いて渡してもらう方が確実だからね。そして、封筒に入れてお渡しする。
李	：よろしくお願い致します。
李	：僕はいつも持ち歩いているよ。ヨンさんも用意しておいてね。
ヨン	：はい。
李	：じゃ、いってきます。
ヨン	：いってらっしゃい。

❹ ファックス

解説	：さて、ここからはビジネスでよく使われる機械と文書の関係について学んでいきたいと思います。まずはファックスです。ファックスは簡単な連絡から商品の発注まで利用されていて、とても便利です。しかし、便利な分、

191

注意して使わなければなりません。使い方を間違えると、

李 : ヨンさん意外に体重あるんだね。

ヨン : 何言ってんですか？ 李さん。

李 : はい、健康診断書。

ヨン : えぇ、もうやだぁ。

李 : ヨンさん、ファックス送ってくれた？

ヨン : それが、たくさん送られてきていて。

ヨン : 李さんファックスですよ。

李 : ああ、ありがとう。あー？

ヨン : どうしたんですか？

ヨン : わっ、薄い。

解説 : これ以外にも、「儀礼的な内容をファックスで送るのは失礼にあたる。」「ファックスの機種によっては余白が切れるので、余白を多めに残しておく。」といった点に注意した方がいいでしょう。

佐藤課長 : おい、ヨンさん、私宛のファックスが来てるだろう？

ヨン : はぁ。

李 : 僕宛のも来てるでしょう？

ヨン : あの、それが、あの。

李 : どうしたの？

ヨン : どれが誰のか分からないんです。

李 : ちょっとごめん。あちゃー、みんな送信票をつけずに送ってきたんだな。

ヨン : 「送信票」ですか？

李 : えっ、教えてなかったけ？

ヨン : はい。

李 : じゃあ、お勉強しよう。

李 : 「送信票」というのはこれ。宛名や用件、送付枚数などを書いた物。これが一緒に送られてきていれば、たくさんのファックスが送られてきても、誰に、何枚、どんなファックスが送られてきているかが分かるでしょう？通常は「発信の日付」。「送付先」。これは送信ミスがあった場合のために受信者のファックス番号も入れておく。「発信元」。ファックス番号や電話番号は送信トラブルや用件に対しての問い合わせがあること等を考える

と、書く方が親切だね。「送付枚数」。何枚送られてきたのかが分かれば、ファックス機の故障で全部受信できなくても、対応することができるよね。それから、「送信票」を含めた枚数なのか、含めない枚数なのかを書いておけば、全部受信できたかどうか分かるね。そして「用件」。これは社外文書と同じように、分かりやすい件名をつけるといいね。

ヨン　　　：「送信票」って、送られた側にとっては大切な情報なんですね。

李　　　　：そうなんだよ。ファックスを送る時には相手の身になって送ることが大事なんだね。それから、課長を見てごらん。

佐藤課長　：いつもお世話になっております。これからファックスをお送り致しますので、よろしくお願い致します。

ヨン　　　：電話をかけてからファックスを送るのですね。

李　　　　：ファックスは会社やその部署のみんなで共有する物だから、今のヨンさんが困っているように、どれが誰のなのか分からなくなってしまう可能性がある。電話をしておけば、ファックス機の前で待っていることもできるから、安心だよね。

ヨン　　　：分かりました。私も気をつけてファックスは使います。

❺Eメール

解説　　　：最近はビジネスの道具としてEメールが利用されていますが、他のビジネス文書のようなルールやマナーは、まだあまり知られていません。ですから、メールのメリット、デメリットをまず知っておく必要があります。メリットとしては「相手が都合の良い時間に読むことができる。」「送った内容が記録に残る。」「返信する時に相手が書いた文を引用できる。」「多くの人に同時に送ることができる。」等です。逆に、デメリットとしては「重要な用件には向いていない。」「相手と話す訳ではないので、感情的なトラブルが起こりやすい。」といった点が挙げられます。契約の文書や、お詫びの文書には、メールではなく、封書、手紙を使う方が良いでしょう。

ヨン　　　：えー。

李　　　　：どうしたんだ、ヨンさん。

ヨン　　　：見て下さい、これ。

李　　　　：これがどうしたの？

ヨン	：こんなにたくさんメールが。えー。
李	：毎朝これだよ。
ヨン	：こんなにたくさん、どれから読むんですか？
李	：そうだろう。こうなってしまうと、読む側は大変。だから、送る側は気をつけなければならないんだ。
ヨン	：本当ですね。
李	：そこでだ。まずは、件名を分かりやすくつけなければならないね。特に紙のビジネス文書と違って、メールは受けた時には件名だけが表示されるからね。
ヨン	：件名によってメールの重要度が分からなければ、なかなか開いてもらえなさそうですね。
李	：その通り。具体的に書くことが大切だね。それから、本文の内容に関係した言葉だと、検索もしやすいんだ。例えば「会議」と入れるよ。すると、ほら。
ヨン	：なるほど、便利ですね。
李	：例えば、この件名は「8月10日の定例会議の延期日時」と書かれているので、内容も凄く分かりやすいしね。しかもかっこして「緊急」って書いてある。
ヨン	：「急いで見なくては」と思いますね。
李	：だからといって、こっちを見てごらん。これは件名が長すぎて、何を言いたいのか分からないでしょう？
ヨン	：見たいと思えないですね。
李	：20字以内にしないと、全部表示されないんだよ。
ヨン	：ところで李さん、さっきの「緊急」って書いてあるメール、まだ開いてないみたいですけど、いいんですか？
李	：あっ、そうだった。
ヨン	：私も気をつけて出さなくちゃ。
李	：ヨンさん、今日何日？
ヨン	：8月20日ですよ。
李	：えー、今日に変更になったんだ、会議。
ヨン	：そういえば、課長もいないですし、先に行ったんでしょうね。
李	：まずい。課長からの電話だったら、「僕は大急ぎでさっき出ました」と言っ

ておいてくれる？

ヨン　　：えー、あの、あの、李さん。受ける方もちゃんとチェックしないといけないわね。はーい。

解説　　：最後は李さんがうっかり失敗してしまいましたね。メールは「ヘッダ」「本文」「署名」の三つに分けられます。件名は「ヘッダ」にあって、件名以外は自動で入力されます。「本文」の最初には宛名を書きます。誰宛のメールなのかをハッキリさせるために書きましょう。続けて時候の挨拶などの挨拶文を書く文書もありますが、メールの場合は内容がすぐ分かるように、簡潔に書く必要がありますので、省略します。社外文書の場合は、冒頭は「いつもお世話になっております。株式会社東京商事営業部第一営業課の李です。」これで十分です。社内文書の場合は「毎日の業務おつかれさまです。第一営業課の李です。」この形をよく使います。ただし、まだ親しくなっていない人や会ったことがない人には丁寧な挨拶の方が良いでしょう。主文の書き出しも簡潔に、最初から用件を書いて構いません。ご覧のように、他の文書とは違って段落と段落の間を1行開けています。メールはこのようにすると、段落がはっきりして、読みやすくなります。メールの場合、1行の文字数は３５文字以内として、自動改行機能は使わないようにします。では最後に、メールを返信する際の基本的なルールを紹介しておきましょう。返信ボタンを押すと、件名はご覧のように、「Re」がついて、そのまま送られてきた時の件名が続きます。これは書き換えるよりも、そのまま送った方がどの用件に対する返信かが分かって、相手とのコミュニケーションがスムーズに進みます。しかし、相手が送ってきた全ての文章を残す必要はありません。返信する際に引用する文章だけを残し、後は削除します。こうした方が相手も引用されている文章を探す手間が省けて、親切です。

解説　　：いかがでしたか？　ビジネスにおいて文書は重要なために、皆さんは難しいと思っていたかもしれません。しかし、ご覧頂いたように、難しく思えるビジネス文書もそのほとんどに形があって、その形に当てはめて書けば、難しくはありません。皆さんは日本語を習得した人達ですから、ビジネス文書も習得できるはずです。自信を持って、がんばって下さい。

オフィスで使える！ マナーも身につく！

ビジネス日本語

テキスト① 内定者編

1．ビジネスマナーの基本
2．敬語Ⅰ 敬語の基本
3．敬語Ⅱ 敬語の使い方
4．ビジネス文書Ⅰ ビジネス文書の書き方
5．ビジネス文書Ⅱ 様々なビジネス文書

発行日　2004年11月15日　初　版　第一刷発行
　　　　2018年 8 月15日　改訂版　第一刷発行

編　著　株式会社日建学院　映像事業部
発行者　近藤　伸彦
発　行　株式会社日建学院

〒171-0014　東京都豊島区池袋2-38-2　COSMY-Ⅰ 5F
TEL 03-3988-1175　FAX 03-3988-6421

発　売　株式会社凡人社

〒102-0093　東京都千代田区平河町1-3-13
TEL 03-3263-3959　FAX 03-3263-3116

ISBN978-4-9910329-0-5